KB073739

월 매출 1억! 산타맘의 인스타그램 비밀과외

나는 매일
인스타그램으로
돈 번다

월 매출 1억! 산타맘의 인스타그램 비밀과외

나는 매일
인스타그램으로
돈 번다

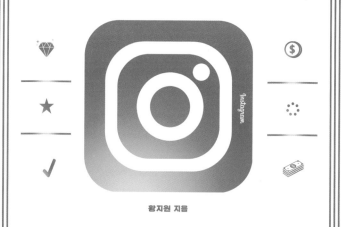

황지원 지음

베가북스
VegaBooks

목차

PART 3

매력적인 수익화 계정 만들기 :
계정 세팅

PART 4

팔로워 0명에서 시작하는 인스타그램 :
잠재 고객을 유인하는 특급 노하우

PART 7

산타맘 스파르타를 통해
인플루언서로 거듭나다

PART 8

산타맘의 마지막 강의

⑤ 월 1억 매출을 찍었다!

　2021년 월 최고 매출 1억을 기록했다. 아이 둘을 키우는 여자 혼자서 어떻게 그런 매출을 이뤄냈어요? 그것도 집에서? 여러 인터뷰에서 많이 받았던 질문이다.

　우리는 누구나 자신이 지불한 금액에 상응하는 가치와 서비스를 제공받기를 원한다. 그래야 고객이 유지되고, 그것은 지속적인 수익 창출로 이어질 수 있다. 결국, 고객들이 내 계정과 나를 믿어서 선택해주었다면, 그것 이상으로 내가 줄 수 있는 것은 무엇인지 고민해야 한다는 얘기다.

　인스타그램으로 책을 판매한 적이 있다. 전집이었으므로 한번 구매하면 적지 않은 금액이었고, 아무 대리점에서나 살 수 있다면 고객은 뭐라도 더 주는 곳에서 구매하고 싶을 것 같았다. 대리점들도 너도나도 이만큼 하면 이런 선물을 드릴게요. 하는 식으로 은연중에 사은품

경쟁을 벌이고 있었다.

　나는 고민했다. 실제로 만나서 대화를 하는 것이 훨씬 마음을 움직이기 수월할 텐데, 직접 얼굴을 맞댈 여건이 되지 않고 온라인에서 팔아야 하는 상황에서 어떻게 하면 그들의 마음을 움직일 수 있을까? 그때 고민하여 탄생한 것이 바로 '산타맘수과학' 수업이었다. 교재를 구매해서 활용성이 떨어지지 않도록 8주, 12주 동안 책을 활용한 수업을 해주는 것이었다. 구매고객들 대상으로 시작된 무료 수업이었고, 수업 준비를 통해 우리 아이들에게도 해줄 수 있는 것이 많았으니 일석이조였다. 내가 전공한 수학, 과학 외의 과목들은 직접 강의료를 주면서 강사들을 섭외했고, 고객들에게 수업을 무료로 들을 수 있도록 제공했다. 그렇게 첫 산타맘스쿨이 탄생했다.

　고객이 도서나 육아 관련 고민이 있다고 하면 하루에 몇 시간이라도 전화로 도움을 주고, 각종 이벤트로 책을 활용할 수 있도록 독려했고 책 판매로 받게 될 수수료 이상으로 고객들에게 제공하려 노력했다.

　책 판매를 시작한 지 4개월 만에 해당 출판사에서 전국 매출 1위, 월 매출 6,600만 원을 기록했다. 출판사의 담당자는 최단기 1위 매출을 기록했다며 감사의 메시지를 보내기도 했다. 이때 나는 제품 가격 이상의 가치를 내가 만들고 그것을 고객에 전할 수 있다면, 그 씨앗들은 돌고 돌아 나의 성과가 되고, 나의 브랜드가 되리란 확신을 얻었다.

전체 매출 1억을 기록한 것은 그 이전까지 가격 이상의 가치를 위해 노력했던 것들이 돌아온 결과라고 생각한다. 덕분에 잠을 자는 동안에도 수익이 생기는 시스템을 만들 수 있었고 지금은 더 효율적으로 운영하고자 매번 새로운 아이디어를 구상하고 있다.

오프라인 매장에서 만난 고객들에게 만족스러운 서비스를 제공하려고 노력하는 것처럼 인스타그램에서 만난 팔로워들에게도 정성을 다해보자. 팔로워들과 고객들을 감동하게 할 수 있다면 그 어떤 것도 해낼 수 있다.

어느 날 집에 틀어박혀 아이만 돌보느라 일상이 무료하고 답답했던 내게 친구가 놀러 와서는 자신의 사업 이야기를 해주었다. 방문판매 사업을 하고 있는데 그것을 통해 자기 삶이 굉장히 진취적으로 변했고 인세도 짭짤하게 벌고 있다는 것이었다. 친구가 열변을 토해서 말했던

★ 나는 매일 인스타그램으로 돈 번다

인세 소득의 핵심은 이랬다. "어차피 써야 하는 제품을 해당 회사에서 구입하면 페이백이 되어 구매한 돈의 일부가 다시 돌아오고, 그런 사람이 많이 생기기만 하면 내가 일하지 않고 심지어 잠을 자는 동안에도 수익이 생긴다." 그때 나는 이렇게 외쳤다. "일하지도 않고 가만히 있는데 돈이 벌리다니! 정말 그런 게 있다면 이거 완전 대박이네!"

현대인들은 누구나 소비를 하면서 살아가는데, 내 소비로 돈을 벌수 있는 시스템이라고 하니 관심이 안 갈 수 있겠는가? 당시 그 업체는 나의 관심사와 맞지 않아 사업을 시작하지는 않았지만, 돌이켜보면 아마 지금 내가 하는 일이 그때 친구가 말했던 인세 소득과 비슷하지 않나 싶다.

내가 인스타그램으로 수익을 올리는 방법은 대표적으로 공동 구매, 강의, 출판이다. 그리고 이것 모두 내가 잠을 자는 동안에도 저절로 굴러가는 시스템이다. 예를 들어 공동 구매가 진행되는 동안에는 인스타그램에 올려진 링크를 통해 새벽에도 낮에도 제품이 필요한 사람들이 편리하게 들어가서 구매를 하고, MKYU, 야나두 등에서 하는 강의는 수강생들이 접속 가능한 시간에 어떤 장소에서건 접속하여 공부할 수 있는 식이다. 한번 출판한 책도 독자들이 원할 때 읽을 수 있다. 이처럼 세 가지 모두 직간접적으로 수익을 창출할 수 있다.

원하는 시간에 일하고 자면서도 돈이 들어온다고? 정말 최고의 직업이지 않은가? 바로 그것을 가능하게 만든 것이 인스타그램이다.

솔직하게 말하자면, 처음 인스타그램을 시작했을 때 사진 하나만 덜렁 올려서 판매를 하고 돈을 버는 인플루언서들을 동경했다. 그들처럼 돈을 버는 건 꿈같은 일이라고 생각했다. 그 어떤 직업보다 수월해 보였고 쉽게 돈을 버는 것 같았다. 그래서 겁 없이 뛰어든 걸지도 모른다. 물론 겉으로 보이는 것처럼 사진만 가볍게 올리고 돈을 버는 이상적인 직업이라 100% 말할 수는 없지만, 겁 없이 뛰어들어도 좋을 법한 멋진 도전이라는 데에는 이견이 없다. 언제 어디서나 원하는 시간에 일할 수 있는 장점이 있고 인스타그램을 해본 적 없는 사람을 비롯해 자본이 없는 사람도 시도할 수 있을 정도로 진입장벽이 낮기 때문이다.

이 책은 그저 다른 사람들의 사례만 분석해서 쓴 책이 아니다. 적은 팔로워로 억대 매출을 올린 내 경험을 바탕으로 쓴 책이다. 내가 직접 발품을 팔아 터득했던 《나는 인스타그램으로 돈 번다》의 모든 노하우를 당신에게 적용하고 인스타그램에서도 이를 당신만의 방식으로 녹여내길 바란다.

　당신의 인스타그램이 이 책을 통해 사람도 얻고 수익도 버는 멋진 계정으로 성장하면 좋겠다.

2022년 봄, 서울에서 황지원

PART 1

인스타그램 공동 구매
정말 돈이 될까?

Santamom_insta
181._queen_.181 · 원본 오디오

좋아요 35,000개
Santamom_insta #월 매출 1억! 산타맘의 인스타그램 비밀과외
댓글 2,300개 모두 보기
6일 전

돈 없어도 할 수 있는
인스타그램으로 돈 벌기

Instagram

♡ 무한한 가능성, SNS

인터넷 커뮤니티 '싸이월드'에 열광하던 시절이 있었다. 너도나도 컴퓨터에 접속해서 캐릭터를 꾸미고 코가 보이지 않을 정도로 보정한 나름 예쁜 사진을 올렸던 시절이 떠오른다. 나와 비슷하거나 내가 되고 싶은 모습으로 캐릭터에 옷을 입히고, 장식품으로 꾸미기도 하였다. 또 일기를 쓰듯 온라인에 근황을 올리고, 타인의 소식에 댓글을 남기고 소통하기도 했다.

누군가는 이곳에서 자신을 드러내는 것에 흥미가 있었고, 누군가는 타인의 일상을 구경하는 데서 재미를 느꼈다. 실제로 만나지 못한 누군가에게 의견이나 생각을 댓글로 남기는 것은 TV 속의 누군가를 일방적으로 바라만 보던 것과는 확연히 다른 소통이었다. 이러한 소통의 길들은 시대를 지나면서 새롭게 등장한 인스타그램, 페이스북, 유튜브, 틱톡 등 다양한 플랫폼에서도 이어졌다.

각각의 플랫폼에서는 하루에도 수천, 수만 개 이상의 콘텐트가 쏟아지고 있다. 다양하고 흥미로운 내용들은 우리의 시선을 압도한다. SNS 중독이라는 말이 생겨났을 정도다. 요즘 학생들은 연락을 주고받기 위해 "전화번호가 뭐야?" 대신 "인스타 계정이 뭐야?"라고 묻는다고 한다. 그만큼 SNS는 우리 생활 속에 많이 들어와 있는 듯하다.

최근에는 유튜브와 인스타그램 각 영역에서 많은 이들이 두터운 팬덤을 확보하며 연예인에 버금가는 영향력을 보여주고 있다. 예전만 하더라도 매체를 통한 영향력은 TV 드라마나 광고 속의 스타들만이 가질 수 있는 특권이었지만, 이제는 노력만 한다면 누구나 영향력을 키울 수 있는 시대가 된 것이다.

더 이상 가까이 사는 지인에게만 연락하는 시대가 아니다. 전 세계 누구와도 연결될 수 있는 세상이다. 내가 올린 게시물을 전 세계의 어떤 사람이 보게 될지 알 수 없다. SNS는 평범한 삶에서 새로운 기회의 장으로 넘어갈 수 있는, 무한한 가능성의 공간이다.

♡ 무자본으로도 시작할 수 있는 인스타그램 마켓

디지털 공간이 확장됨에 따라, 온라인 세계를 유영하는 일도 직업이 되기 시작했다. '디지털 노마드(Digital Nomad)'라 불리는 이들은 평소 시간과 장소에 구애받지 않고 핸드폰 하나, 노트북 하나만 들고 다니며 수익을 창출한다. 첨단기술 유목민이라는 이름답게 특정한 플랫폼과 디지털 장비만으로 일하는 것이다.

직장을 그만두고 디지털 노마드가 되겠다고 하는 사람들이 늘어날 만큼 많은 이들이 온라인 세상의 기회와 가능성을 알고 있다. 그렇다면 공간에 제약받지 않고 원하는 시간에 원하는 일을, 원하는 만큼 하는 디지털 노마드가 되기 위해 당신은 어떤 플랫폼을 가장 먼저 선택할 것인가?

다양한 플랫폼이 많이 생겨나고 없어지기도 하지만, 현시점 안정권에 들어있는 가장 대표적인 곳으로는 유튜브, 블로그, 인스타그램 등이 있다. 이 중에서 유튜브의 경우 대략 5분에서 10분 정도의 영상을 제작하기 위해 대본 작성, 촬영, 편집 등의 과정이 필요하다. 블로그 역시 수십 장의 사진과 충분한 글이 들어가야 한다. 영상 제작이나 긴 분량의 작문을 즐기는 사람이라면 추천할 만하지만, 일반적으로는 인스타그램이 영상이나 글의 길이 측면에서 훨씬 더 짧고 간편하다.

내 경우를 예로 들자면, 정말 아무것도 모른 채 시작했던 인스타그램 덕분에 지금의 나는 3년 전과 완전히 다른 삶을 살고 있다. 공동 구매, 온·오프라인 강의, 협찬, 제품 제작, 산타맘스쿨 운영 등 모든 결실이 인스타그램이라는 단 하나의 플랫폼만으로 만들어졌다. 인스타그램이 어떤 수익을 줄지, 얼마나 삶을 변화시킬지는 아무도 알 수 없다. 만약 디지털 노마드가 되고 싶지만 긴 글이나 영상 제작에 자신이 없다면 당장 인스타그램을 시작해보자.

공동 구매의 특징과 매력

♡ 인스타그램 공동 구매의 특징

대부분의 사람들이 SNS를 사용하는 목적은 크게 다르지 않다. 댓글, 좋아요와 같이 다른 사람의 반응에서 소소한 희열을 느끼기도 하고, 셀 수 없이 쏟아지는 콘텐트 사이에서 유용한 정보도 얻기 때문이다.

나의 경우 육아용품과 관련된 유용한 정보를 얻기 위해서 SNS를 시작했다. 그리고 여러 SNS 중에서 인스타그램을 이용하여 수익을 창출했다. 그때 내가 이용한 방법이 '공동 구매'다. 이는 여러 사람에게 필요한 상품이나 서비스를 정가보다 저렴하게 구매하는 방식으로 줄여서 '공구'라고 하기도 한다.

대형 쇼핑 사이트인 11번가, 쿠팡, G마켓에서는 제품의 장점, 사진, 가격, 후기 같은 지표가 판매량에 큰 영향을 미치고 그 지표들이 구매자의 필요와 부합하게 되면 구매로 이어지는 것이다. 이 사이트들의 특징은 판매자가 그 중심에 있다는 점이다. 구매자는 상품 페이지에서 오로지 판매 상품에 대한 정보만 알 수 있을 뿐 판매자가 그 제품을 정말 사용하는지 같은 판매자 개인에 대한 정보는 알 수 없다. 판매자와 상품에 대한 신뢰는 구매자들의 후기와 비슷한 제품군과의 비교로 형성될 뿐이다.

반대로 인스타그램의 공동 구매는 판매자의 정보(생각과 성향, 실제 사용 여부 등)가 거래 과정에서 가장 중요한 역할을 한다. 내가 먼저 구매자 입장에서 제품을 사용하는 모습을 기록하여 구매자에게 보여주고, 개인의 만족도를 바탕으로 본격적인 제품 홍보와 판매를 시작한다. 그때 여러 명이 같이 구매하면 일반 정가보다 저렴하게 구매할 수 있다는 점을 또렷이 밝힌다.

예를 들어 A라는 제품이 있다고 치자. 11번가와 같은 오픈몰이나 쿠팡같은 쇼셜커머스등에서의 온라인 구매 방식은 구매자가 먼저 A를 검색해서 가격별, 후기별로 구분한 후 가격 대비 만족할 만한 상품을 구매하는 방식이다. 따라서 판매자는 제품의 강점과 가격 경쟁력을 많이 노출함으로써 구매 확률을 높일 수 있다.

그런데 인스타그램의 공공동구매는 좀 다르다. 이 경우엔 A를 검색해도 가격별로 나열되지 않는다. 그 대신, 무엇보다 팔로잉한 계정을 향한 신뢰가 구매의 척도가 된다. 공동 구매를 진행하는 계정이 평소 신뢰했던 계정이라면 관심이 없던 제품이라 할지라도 그 신뢰를 통해 구매가 이뤄지는 식이다.

결국 인스타그램에서 공동 구매를 통해 수익을 내고 싶다면, 다른 여러 가지 쇼핑 사이트들처럼 가격 경쟁을 하거나 예쁜 사진과 상세한 설명만 보여주기 전에, 한 명의 구매자로서 "내가 당신을 믿고 구매하겠다"라고 할 정도의 신뢰를 만들어야 한다. 구매자들, 팔로워들이 신뢰할 만한 구매자가 되는 것, 그게 공동 구매의 핵심이다.

♡ 공동 구매의 매력

처음 공동 구매를 시작한 건 그저 우연이었다. 당시 첫째 아이가 잔병치레가 잦았는데 지인이 추천한 제품이 아이에게 효과가 좋았다. 그래서 주변 엄마들에게 그 상품을 추천하곤 했다. 그때 내가 팔아봐도 좋겠다는 생각이 들어서 시작한 게 공동 구매다.

공동 구매로 수익이 나기 전까지는 돈을 벌기 위해 아침에 출근하고 저녁에 퇴근하는 게 일상이었다. 나의 수익은 언제나 노동시간에 비례하여 통장에 입금됐다. 그런데 공동 구매를 시작하며 노하우를 터득하고 이를 통한 수익이 생긴 후부터 내가 어디에 살든, 어디를 여행하든,

장소에 구애받지 않고 자유롭게 일을 하고 있다. 또 공동 구매를 진행하는 동안 판매 링크를 프로필에 걸어두면 잠을 자는 동안에도 수익을 창출할 수 있다.

공동 구매의 핵심은 내가 판매자이기 이전에 구매자라는 점이다. 내가 사용할 물건을 구매한 후 사용하면서 판매를 진행한다. 그러니까 판매할 물건을 창고에 가득 쌓아놓고 주문이 들어올 때마다 포장하는 게 아니다. 공동 구매는 대부분 홍보만 맡고 배송은 업체에 진행한다. 물류비용이나 육체적인 노동은 해당 상품업체의 몫이다.

예를 들면 이러한 절차를 거치게 된다. 우선 평소에 자주 구매하거나 내 팔로워들의 니즈에 적합한 아이템을 찾는다. 다음으로 그 아이템을 판매하고 있는 여러 업체와 접촉하여 공동 구매를 진행하고 싶다는 의사를 밝힌다. 이들 중 제품력, 가격, 마진, 업무 지원 등을 고려하여 한 업체를 선정하여 제품을 받아 샘플 테스트를 한다. 이후 샘플 테스트 결과가 마음에 들면 공동 구매 일정을 업체와 조율한다. 이미 사용해본 제품이라면 테스트 기간은 생략될 수도 있다. 판매는 보통 3일 정도로 일정을 잡고 진행되는데, 일반적으로 온라인 최저가보다 낮은 가격으로 나의 팔로워들에게 홍보한다. 이때 발생한 주문에 대한 발송은 업체에서 맡는다. 간혹 사입(미리 재고를 사두는 방식)을 진행하기도 하지만 대부분 위탁 배송(업체에서 모든 배송 관련 업무를 담당)하는 형태로 진행한다.

그렇게 홍보와 고객 상담을 3일 동안 하면서 판매를 극대화하고 3일이 지난 이후에는 판매량에 따른 수수료를 정산하게 된다.

이렇게 내가 2021년 4월부터 진행한 3일간의 공동 구매 매출은 1,500만 원을 기록했다. 산타맘 계정뿐만 아니라 내 강의를 들은 어느 수강생은 단 한 달 만에 팔로워 160명으로 3일간 진행한 공동 구매에서 100만 원 이상의 매출을 달성했고 3개월 만에 600만 원의 매출을 달성했다. 나는 연 매출 6억을 올리기까지 1년 9개월이 걸렸다. 처음 매출은 월 몇십만 원이었으나 점차 노하우가 쌓이면서 이 정도 매출을 달성할 수 있었다. 현재는 월 1억 이상의 매출을 올리기도 한다. 당신도 원한다면 할 수 있다.

Santamom_insta
181._queen_.181 · 원본 오디오

좋아요 35,000개
Santamom_insta   #월 매출 1억! 산타맘의 인스타그램 비밀과외
댓글 2,300개 모두 보기
6일 전

PART 2

공동 구매에 필요한 기능 파헤치기

⊕ ⌕ ⊲ ⟳ ⎁ ⌂ ♡

Santamom_insta
181._queen_.181 · 원본 오디오

좋아요 35,000개
Santamom_insta   #월 매출 1억! 산타맘의 인스타그램 비밀과외
댓글 2,300개 모두 보기
6일 전

인스타그램 용어 정리

▲ 서로 팔로우가 안 된 상태

▲ 내가 상대방을 팔로워 신청한 상태

▲ 상대방만 나를 팔로워 한 상태

★ 나는 매일 인스타그램으로 돈 번다

· 인친: 인스타그램 친구. 인스타그램 내에서 서로 팔로워를 맺고, 댓글이나 좋아요로 소통하는 사이를 지칭한다.

· 팔로워: 나를 친구로 추가한 사람. 계정에 따라 팬을 의미하기도 한다. 팔로워 수가 높을수록 영향력이 커지고 진행할 수 있는 수익 구조가 다양해진다.

· 팔로잉: 팔로우하고 있는 상태(follow+ing). 내가 친구로 추가한 사람, 내가 다른 계정을 팔로우하면 팔로잉 상태로 바뀐다.

· 선팔: 팔로우를 먼저 하는 것으로 인스타그램에서 소통을 시작하는 적극적인 방법.

· 맞팔: 블로그나 페이스북의 서로 친구 추가처럼 서로 팔로우하는 것으로 인스타그램에서 팔로워를 늘리는 가장 적극적인 방법. 댓글로 '맞팔해요'라고 남기기도 한다.

· 언팔: unfollow의 뜻으로 팔로우를 취소하는 걸 지칭한다.

· 피드: 내 계정라는 메인 화면이나 타 계정의 메인 화면에 노출되는 게시물들. 인스타그램 마케팅에서 피드가 좋다, 안 좋다의 기준은 메인 화면 게시물들의 정리 상태라고 생각하면 이해하기 쉽다.

인스타그램 기본 기능 익히기

　앞에서 인스타그램에 주로 사용되는 다양한 용어들을 알아보았다면 이제부터는 인스타그램을 구성하는 기본적이 기능이 무엇인지를 알아보아야 한다. 인스타그램은 대표적으로 가입, 홈, 검색, 릴스, IG쇼핑, 프로필 아이콘, 게시글 업로드, DM, 공유 및 링크 복사, 좋아요, 댓글, 저장, 보안 설정과 같은 기능으로 구성되어 있다. 그 기능들을 하나씩 자세히 알아보기로 한다.

★ 나는 매일 인스타그램으로 돈 번다

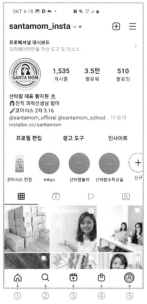

검색 탭	
탐색 탭	

▲ 검색 탭과 탐색 탭　　　　　　　▲ 스타그램 프로필 메인 화면

　• 가입: 스마트폰에서 앱스토어나 구글 스토어에서 인스타그램 어플을 다운로드 후 가입 절차를 진행한다. 전화번호, 이메일, 페이스북 계정으로도 가입할 수 있다.

　① 홈: 인스타그램 화면 하단의 집 모양의 아이콘, 본인이 팔로우한 계정들의 게시물과 광고 게시물, 추천 게시물을 볼 수 있다.

　② 검색: 인스타그램 화면 하단의 돋보기 버튼을 누른 다음 상단의 바에서 검색어를 입력하면 해당 검색어를 사용한 해시태그가 있는 글이나 계정이 검색된다.

– 탐색 탭: 검색 바 아래에 영상이나 사진 등의 인기 콘텐트들이 나온다. 또한, 팔로잉 계정을 비롯해 인스타그램에서 '좋아요'나 댓글, 공유, 저장 등으로 반응했던 기록에 따라 탐색 탭이 다르게 표시된다. 가령 '부산 냉면집' 관련하여 활동한 경우에는 탐색 탭에 '서울의 냉면집' 같은 냉면 관련 콘텐트가 표시된다.

③ 릴스: 틱톡, 유튜브 쇼츠와 더불어 가장 인기 많은 플랫폼으로 최근 특히 인기를 끌고 있는 짧은 영상 게시물이다.

④ IG쇼핑: shop 기능을 활용한 계정이 게시한 브랜드의 모든 제품을 한눈에 찾아볼 수 있는 편리한 기능.

⑤ 프로필 아이콘: 프로필 아이콘을 클릭하면 본인 계정에 대한 전체적인 정보가 나타난다. 게시물, 팔로워, 팔로잉의 수와 그동안 올렸던 모든 스토리 하이라이트, 게시물을 볼 수 있다.

⑥ ⑦

⑧

⑨
⑩
⑪

▲ 인스타그램 홈 화면

▲ 게시물 올리는 방법①

▲ 게시물 올리는 방법②

⑫

▲ 프로필 메인 화면의 세줄 버튼 위치

⑥ 게시글 업로드

스마트폰에서 업로드: 상단의 ⓛ 플러스 버튼을 누르면 업로드할 게시글의 종류(게시물, 릴스, 스토리, 스토리 하이라이트, 라이브 방송)가 표시된다. 게시물을 클릭하면 스마트폰에 이미 저장된 사진 영상들뿐만 아니라 새로 사진이나 영상을 찍어 게시할 수 있다. 게시할 것을 선택하면 다음 단계에서 효과나 필터를 적용할 수 있고, 설명, 위치 추가 등이 가능하다.

컴퓨터에서 업로드: 인스타그램 사이트(http://www.instagram.com)로 로그인하여 상단의 게시물 업로드 아이콘을 클릭한다. 컴퓨터에서 선택을 클릭하고 사진을 선택하거나 사진 파일을 끌어서 놓는다. 지원되는 파일 형식은 jpg, png 및 heic, heif이다. 사진의 크기를 선택한 다음 오른쪽 상단에서 '다음'을 클릭하고 상단의 필터 또는 조정을 클릭하여 사진을 수정하여 다시 오른쪽 상단의 다음을 클릭한다. 필요에 따라 위치 등을 추가하여 완료하고 마지막으로 오른쪽 상단의 공유하기를 클릭한다.

⑦ DM

Direct Message의 줄임말로 상대방과 대화를 주고받을 수 있는 기능이다. 1:1 대화부터 그룹으로 대화하거나 링크나 사진을 공유할 수도 있다. 영상통화 기능도 있다. 일반적으로 각종 제안이나 문의 등은 DM으로 온다.

⑧ 공유, 링크 복사

해당 게시물을 타인에게 전달하고 싶거나 본인의 스토리에 올리고 싶을 때는 공유 버튼을 눌러서 게시물 자체를 공유할 수 있다.

★ 나는 매일 인스타그램으로 돈 번다

⑨ 좋아요

게시물의 호감을 표현하는 관심 표시로 하트 모양을 누르거나 게시글을 두 번 클릭하게 되면 수치가 올라간다. 이 수치는 게시글의 인기도에 영향을 미친다. 타인에게 나의 좋아요 수를 노출하고 싶지 않을 때는 게시물 설정에서 '좋아요 수 숨기기'를 선택해서 상대방에게 수를 공개하지 않을 수도 있다.

⑩ 댓글

게시글에 코멘트를 남길 수 있다. 댓글에서 '@+계정명'을 입력하면 게시물에 해당 계정에 알람을 보내 댓글에 다시 댓글을 다는 '대댓글'로 대화를 이어갈 수 있다. 게시물을 업로드할 때 댓글 사용이 불가능하도록 설정할 수도 있다.

⑪ 저장

마음에 드는 게시물이 있다면 ⑥ 저장 버튼을 눌러 따로 저장할 수 있으며 컬렉션을 만들면 컴퓨터의 폴더처럼 저장한 콘텐트들을 분류할 수 있다. 저장한 게시물은 본인만 볼 수 있고, 다른 사람의 게시물을 저장해도 그 사람은 누가 저장했는지 알 수 없다.

⑫ 보안 설정

알 수 없는 경로로 계정이 해킹당해 피해를 본 사례가 늘고 있다. 2단계 인증으로 보안을 강화해 계정을 지키자. 설정 방법은 간단하다. 먼저 프로필로 이동한다. 다음으로 오른쪽 상단에서 세줄 모양의 버튼을 누른 후, 설정 – 보안 – 2단계 인증 순서로 선택하면 된다. 하단의 시작하기를 누른 후 보안 수단을 선택하여 화면의 안내를 따른다. 타사 인증 앱이나 휴대폰의 문자 메시지(SMS) 코드를 이용하는 추가 인증도 가능하다.

⊕ Q ▽ Q ◻ ⌂ ♡

인스타그램의 얼굴, 프로필 세팅

♡ 계정의 대문 꾸미기 : 프로필 편집

노출된 나의 게시물로 유입된 계정이 나의 계정을 팔로워하기 위해 거치는 곳이 바로 프로필이다. 프로필은 계정 전체를 볼 수 있는 곳이어서 내 계정의 대문과 같은 역할을 한다. 가게를 오픈하고자 할 때 간판과 인테리어에 정성을 쏟듯 인스타그램을 운영할 때 프로필을 잘 다듬는 것은 매우 중요하다.

프로필 메인에서 프로필 편집 버튼을 선택한 다음 내용들을 수정할 수 있다.

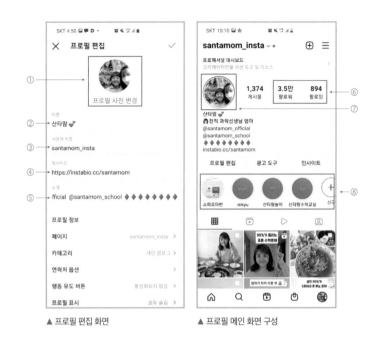

▲ 프로필 편집 화면   ▲ 프로필 메인 화면 구성

① 프로필 사진

프로필 사진은 좋아요, 댓글, 태그 등의 활동을 할 때마다 타인에게

노출되는 사진이다. 계정을 상징하는 대표 이미지이기 때문에 신중하

게 선택하는 것이 좋다. 어떤 사진을 선택해도 좋지만 클릭률과 호감

도를 가장 많이 높이기 위해서는 로고보다는 계정 주의 얼굴로 하는

것이 좋다. 로고의 경우 타인에게 홍보성으로 보여 클릭률을 낮출 가

능성이 있기 때문에 계정을 성장시키는 초기 단계에서는 피하고, 알

수 없는 풍경 사진 등은 내 계정의 주제를 표현하지 못한다.

② 이름(닉네임)

(②) 이름은 본명도 괜찮지만 연예인 같은 유명인이 아닌 이상 닉네임으로 설정한다. 말하기 쉽고, 각인이 잘 되는 닉네임으로 정해보자. 단순히 닉네임만 적는 것보다 '부산맛집 000', '육아맘산타맘' 같이 닉네임 앞에 검색어를 사용하게 되면 검색으로 '부산맛집'을 검색하는 사람들, '육아맘'을 검색하는 사람들에게 상단 노출이 될 수 있어 유입을 늘릴 수 있다. 또는 깨발랄 산타맘, 인스타 강사 산타맘 등 수식어를 넣음으로써 계정의 캐릭터나 다룰 주제 같은 것을 알릴 수도 있다.

③ 사용자 이름

한글 닉네임이 산타맘이면 사용자 이름은 santamom과 같은 식으로 바꾸는 거다. 그런데 동일 아이디가 이미 존재하는 경우에는 _insta , _official, _play, _food, _health 등으로 내 색깔을 좀 더 표현할 수 있다. 이때 닉네임을 예쁘게 꾸미기 위해서 숫자, 언더바 '_'나 점 '.' 등 특수 기호를 추가해도 좋다. 과도하게 사용할 때는 오히려 검색을 어렵게 할 수 있으니 주의하자.

④ 소개(bio)

(②) 닉네임에서 미처 표현하지 못한 계정 소개나 브랜드 소개는 (④) 소개 Bio란을 이용하면 된다. 일반적으로 이 계정에서 앞으로 다루고 싶은 내용, 연결된 부계정, 수상 이력, 계정 주인의 소개글, 브랜드 소개글을 남긴다. 이때 이모티콘을 활용하여 꾸미거나 igfonts.io에 접속해서 글씨체도 바꿀 수 있으며 해시태그를 사용하면 검색하는 사람에게

계정 추천을 받을 수도 있고 다른 계정을 소환해두거나 이모티콘으로 포인트를 줄 수도 있다. 오프라인 매장을 운영 중이라면 위치나 연락처, 오픈 시간을 적을 수도 있다. 단, 아무리 내용이 많아도 4줄 이상은 한 번에 보이지 않기 때문에 간략하게 적기를 추천한다. 무엇보다 프로필 소개란에 적은 내용과 피드로 노출하는 콘텐트 주제가 잘 맞아떨어질 수 있도록 하자.

⑤ 웹사이트

인스타그램에서는 본문 글에 링크를 적는다고 해도 클릭해서 다른 게시물로 넘어가지 않는다. 대신, 프로필 웹사이트에 링크를 올려둘 수 있는데 홍보하고 싶은 유튜브, 블로그, 홈페이지, 판매 링크 등의 주소를 연결할 수 있고, 2개 이상의 사이트를 연결하고 싶다면 인스타 바이오, 링크 트리 등의 애플리케이션(앱)을 사용할 수 있다.

⑥ 팔로워, 팔로잉 수

프로필에 보이는 팔로잉 수가 지나치게 많으면 스팸 계정으로 오인할 수도 있다. 되도록이면 팔로워 수가 팔로잉 수보다 높게 유지될 수 있도록 해야 한다. 과도한 선팔, 맞팔이나 무분별한 팔로잉을 자제하고 소통하지 않는 계정은 수시로 정리하는 것이 좋다. 유사업종이나 벤치마킹 대상, 소통하는 계정만 팔로잉으로 두자.

▲ 스토리의 다양한 기능   ▲ 사라진 스토리들은 스토리 피드에서 다시 볼 수 있다

⑦ 스토리

스토리는 앞의 〈인스타그램 기본 익히기〉에서 배웠던 게시글 업로드 버튼에서 업로드할 수 있다. 스토리를 업로드하면 24시간 동안 프로필 사진에 핑크색 띠가 둘러지게 되어 노출되었을 때 사람들의 클릭을 유도할 수 있다. 스토리에는 스티커, 음악, 해시태그, 카운트다운, 링크 첨부하기, 부메랑, 설문 조사 등 다양한 기능들이 있어 팔로워들의 참여를 유도하기 좋다. 스토리를 최대한 자주 업로드하여 노출해보자. 나는 피드로 드러내기에 매우 소소한 일상이나 반복적인 후기, 설문 등은 스토리로 노출하여 관심도를 높이는 데 활용하고 있다.

⑧ 스토리 하이라이트

스토리 하이라이트는 프로필 하단에 추가할 수 있는 기능으로. 24시간이 지나 사라진 스토리를 하이라이트 형식으로 다시 게시할 수 있다. 계정의 정체성을 나타내는 스토리나 강조하고 싶은 주제가 있다면 하이라이트 기능을 이용해 노출하자. 소주제를 분류하여 보여주고자 하는 주제나 팔로워들이 자주 묻는 질문들을 고정해둘 수도 있다. 이때 하이라이트의 커버 사진은 같은 색깔을 사용하여 통일감을 주자. 소주제를 분류하여 보여주고자 하는 주제나 자주 묻는 공통적인 질문을 고정해 둘 수 있다.

나는 산타맘수학교실, 산타맘과학놀이 등 자주 올리는 콘텐트와 자사 브랜드 제품, 진행하고 있는 수업이 한눈에 보이도록 주제별로 정리하여 보여주고 있다. 하이라이트만 보아도 어떤 일을 주로 하는지 알 수 있다.

Santamom_insta
181._queen_.181 · 원본 오디오

좋아요 35,000개
Santamom_insta   #월 매출 1억! 산타맘의 인스타그램 비밀과외
댓글 2,300개 모두 보기
6일 전

PART 3

매력적인 수익화 계정 만들기 :
계정 세팅

⊕ Q ◁ ○ ◻ ⌂ ♡

Santamom_insta
181._queen_.181 · 원본 오디오   •••

좋아요 35,000개
Santamom_insta   #월 매출 1억! 산타맘의 인스타그램 비밀과외
댓글 2,300개 모두 보기
6일 전

무료로 배우는 성공 전략: 벤치마킹

유튜브처럼 영상을 업로드하면 그것들의 시청시간에 따라 광고수익이 발생되는 것과 달리 인스타그램은 팔로워가 아무리 많더라도 게시글을 업로드하는 것만으로 수익이 발생하는 구조가 아니다. 하지만 체계적으로 계정을 성장시키다 보면 팔로워들에 대한 계정의 영향력도 커진다. 그리고 영향력이 커짐에 따라 수익화를 이룰 수 있는 방법도 다양해진다.

♡ 벤치마킹 계정이 필요한 이유

당신은 롤 모델로 삼고 있는 대상이 있는가? 롤 모델은 한마디로 본받고자 하는 대상을 이르는 말이다. 마찬가지로 인스타그램 계정을 성공적인 수익을 내거나 효과적인 마케팅 계정으로 만들기 위해서는 내가 정한 계정의 색깔과 이루고자 하는 목표에 부합하는 인스타그램 계정을 롤 모델로 삼아야 한다. 이미 당신이 이루고자 하는 목표, 그 길을 성공적으로 가고 있는 벤치마킹 대상을 나만의 선생님으로 설정할 수 있다. 다른 계정을 벤치마킹한다고 해서 돈을 지불할 필요도 없다. 몇 개의 계정을 벤치마킹하든 당신은 무료로 성공 전략을 배울 수 있다.

인스타그램 강의나 책을 전혀 보지 않고 맨땅에 헤딩하듯 계정을 키운 나는 벤치마킹하기로 마음먹은 계정을 끊임없이 연구했다. 색감에 따라 느낌이 어떻게 달라지고, 게시글 내용에 따라 사람들은 '좋아요' 나, 댓글, DM으로 어떤 반응을 보이는지, 벤치마킹한 각각의 계정들이 수익화를 이루는 방식 등을 끊임없이 분석했다.

벤치마킹 계정을 설정하고 분석하는 것이 왜 필요할까? 계정을 키우는 초기 단계에서는 내가 올리는 게시물에 사람들이 어떻게 반응할지는 정확하게 판단하기 어렵기 때문이다. 하물며 댓글 등의 소통이 활발하지 않다면, 객관적인 피드백을 받기란 더더욱 힘들다.

♡ 관련 주제와 타겟 찾기

어떤 유형의 계정을 벤치마킹 계정으로 삼고 성공사례를 찾을 것인가? 먼저 내 계정의 카테고리와 일치하는 계정을 찾는다. 예를 들면, 주요 카테고리는 음식 / 운동 / 인테리어 / 경제 / 육아 / 여행 / 교육 / 뷰티 / 예술 등으로 크게 분류할 수 있다. 그다음은 좀 더 세분화된 주제를 설정하고 그것에 관심을 기울일 만한 사람들의 연령과 성별을 설정한다.

아래의 질문에 답변해보자.

① 가장 관심이 가는 큰 카테고리는 무엇인가?

② 그것을 선택한 이유는 무엇인가?

③ 큰 카테고리에서 좀 더 세분화할 수 있는 주제는 어떤 것이 있는가?

④ 선택한 주제에 관심을 가지는 사람의 성별과 나이는 어떠한가?

예를 들어, 위 질문에 나온 답변을 아래와 같다고 가정해보자.

① 운동

② 헬스장을 운영하고 있어서

③ 근력을 향상시킬 수 있는 헬스 및 자기계발

④ 20대 남성

이때 우리는 1, 2, 3번에 관심을 가질 만한 4번을 타깃으로 하는 계정을 찾아야 하는 것이다. 같은 운동이라는 대형 카테고리에 속해 있더라도 20대 남성의 헬스 계정과 30대 여성의 요가 계정은 분명 다른 색깔을 가지고 있기 때문에 해당 계정을 찾는 사람들의 성향도 다를 것이다.

♡ 벤치마킹 대상 찾기

▲ 벤치마킹 검색 예시

첫 번째 방법은 주제와 관련된 해시태그를 검색 탭에 검색해보는 것이다. 위의 예와 같은 경우 #운동, #운동스타그램, #헬스 등을 검색해보자.

그럼 해당 검색어로 시작하는 해시태그가 쭉 나열되어 있는 것을 볼 수 있다. 그중 하나를 선택했을 때 먼저 보이는 게시물들이 인기 게시물이라고 생각하면 된다. 이중 팔로워가 1만 명 이상이거나 게시글에 500개 이상의 좋아요가 달리는 등, 꾸준히 소통되고 있는 계정들을 100개 이상 찾아 팔로우해둔다. 팔로워 수를 제한하는 이유는 수많은 계정들 중에서도 해당 주제에 대한 영향력이 적지 않고, 동시에 활동과 소통이 활발한 계정, 벤치마킹할 가치가 있는 계정을 선택해야 하기 때문이다.

두 번째 방법은 탐색 탭을 이용하는 것이다. 탐색 탭에서는 내 관심사를 기준으로 다양한 인기 게시물을 볼 수 있는데 해시태그로 '#운동'을 검색하고 관련 계정들을 충분히 둘러봤다면 탐색 탭에도 운동과 관련된 게시물이 추천으로 연관되어 나타나게 된다. 이때 탐색 탭에서는 해시태그를 사용하지 않은 인기 계정들도 볼 수 있다.

♡ 벤치마킹 활용법

▲ 계정 추가하기

유명하거나 매력적인 벤치마킹 계정을 찾았다면 내 프로필에서 계정 추가를 한 다음 벤치마킹 학습용 계정을 만들어 100명 이상 팔로우해둔다. 이때 계정 추가는 프로필 상단에서 나의 계정명을 클릭한 다음 '계정 추가' 버튼을 눌러 생성할 수 있으며 부계정에서 벤치마킹 계정을 팔로우하면 홈에서 게시물을 볼 수 있다. 또한, 알람 설정을 해두면 게시물을 올리거나 라이브 방송을 할 때 즉시 알람 메시지가 뜬다.

아래 사항을 체크해서 꾸준히 분석해보라.

- 그들의 매력 포인트는 무엇인가?
- 어떤 방식으로 팔로워들과 소통하는가?
- 글과 사진은 어떤 방식으로 표현하는가?
- 사진의 구도는 어떻게 설정하는가?
- 홈에서 보이는 수많은 게시물 중 우선적으로 보이는 게시물에는

어떤 특징이 있는가?

- 사람들은 어떤 게시물에 좋아요를 누르거나 댓글을 다는가?
- 그들의 팔로워들은 어떤 댓글을 남기는가?

벤치마킹하는 계정이 바로 나의 선생님이라 생각하고 꾸준히 분석한 다음, 그걸 나만의 스타일로 적당히 바꾸어서 따라해보라. 트렌드를 익힐 수 있고 팔로워들의 반응들을 참고삼아 새로운 아이디어를 얻을 수도 있다. 가능하다면 관계를 맺어 직접 소통도 해보라. DM(디엠)을 보내보거나 물건을 구매해 볼 수도 있다. 직접 그들의 고객이나 팬이 되어 소통하면 더욱 빠르게 벤치마킹 계정의 매력 포인트를 읽을 수 있다.

나의 페르소나 찾기:
팔로우하고 싶은 인스타그램

'나의 페르소나 설정'은 내가 수많은 계정을 컨설팅하면서 강조하는 '인스타그램 수익화 계정 만들기'의 핵심 중의 하나이다. 페르소나란 '가면'이라는 뜻의 그리스어인데, 영화나 드라마, 연극 등의 예술 분야에서는 주로 '가면을 쓴 인격'이라는 의미로 사용된다. 마케팅에서는 회사의 이미지를 설정해 회사 제품이나 서비스를 소비자들에게 각인시키는 페르소나 마케팅이란 용어로도 쓰인다. 페르소나의 의미를 더넓은 관점에서 보면, 온라인 게임의 캐릭터를 지칭하는 '본캐'와 '부캐'도 페르소나라고 할 수 있다. 게임은 아니지만, 많은 텔레비전 프로그램이나 유튜브에서 부캐로 활동하는 연예인들이 많아지고 있다. 그들은 하나의 캐릭터를 설정하고, 그 캐릭터에 맞추어 말투와 행동, 패션

★ 나는 매일 인스타그램으로 돈 번다

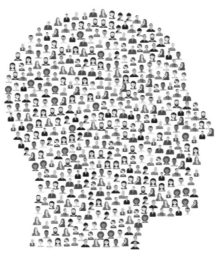

▲ 인스타그램 수익화의 핵심 '페르소나'

까지 완벽히 다르게 연기한다.

♡ 페르소나가 필요한 이유

인스타그램에서 페르소나가 필요한 이유는 해당 계정의 특정 색깔이 잘 묻어나야만 그 계정의 특징이나 의도가 사람들에게 즉각적으로 전달될 수 있고 그것에 호응해 줄 사람들을, 그러니까 팔로워를 좀 더 효과적으로 모을 수 있기 때문이다. 색깔이 없고 평범한 계정을 굳이 팔로우까지 하며 지켜보는 사람은 많지 않을 것이다. 그렇기에 끊임없이 나의 페르소나가 무엇일지 고민하고 만들어 가야 한다.

나는 강의를 하는 모습, 1인 기업 CEO로 거래처 담당자와 소통하는 모습, 친구와 수다 떠는 모습, 그리고 아내와 엄마로서의 모습 등 상황에 따라 행동과 말투까지 모두 다르다. 그중 인스타그램에서는 '유쾌한 나'를 표현하려고 노력하며 의도적으로 일상의 에피소드를 올려 유쾌하고 새로운 모습을 담으려고 한다.

인스타그램에서 표현할 나만의 캐릭터, 페르소나를 설정하라!

♡ 페르소나 설정하기

인스타그램 수익화 계정을 만들기 위해 어떤 페르소나를 설정해야 할까? 아래의 질문에 답해보자. 마인드맵을 활용하여 나를 표현할 수 있는 것들을 생각나는 대로 써보자. 최소 20개 이상을 추천한다. 많을수록 좋다.

① 나는 어떤 사람인가? 나와 어울리는 수식어를 나열해보자.

'활동적인, 신나는, 유쾌한, 즐거운, 의욕적인, 유머 감각 있는, 유용한 지식이 가득한, 척척박사 같은, 사교적인, 따뜻한, 편안한, 위로되는, 닮고 싶은, 세심한, 감수성이 풍부한, 낙천적인, 꾸밈없는, 꼼꼼한, 성실한, 침착한, 신중한, 안정된, 사랑스러운, 믿음직한, 모험심이 강한, 생생한, 재치 있는'

② 나의 주변 사람들은 나를 어떻게 평가하는가?

'여성스럽다. 시크하다. 꼼꼼하다. 똑부러진다. 덜렁거린다. 재미있다. 춤을 잘춘다. 만들기를 잘한다.'

가장 가까운 사람에게 물어보자. 때론 내가 생각했던 '나는 이런 사람이야'와 '타인이 보는 나'는 사뭇 다른 경우가 있고 그것이 오히려 더 객관적이다. 배우자, 친구, 직장동료에게 내 모습을 물어본다면 각각의 대답에 어느 정도 차이는 있을지라도 그 의미만큼은 비슷할지도 모른다.

③ 잘하거나 좋아하는 활동에는 무엇이 있는가?

수상 경력이 있는 대단한 일이 아니어도 좋다. 손재주가 좋은 편이라던가 운동을 좋아한다던가 요리를 잘한다는 것도 포함된다. 사소하지만 남들보다 아주 조금이라도 더 관심이 있는 활동은 모두 나열해보자.

④ 지금까지 해왔던 일은 무엇이 있는가?

아르바이트, 직장, 봉사, 체험 등 해왔던 일들을 모두 나열해보라 그중에 특히 즐겨서 했던 일이면 더욱 좋다. 수익이 났던 일 외에 취미로 해보았던 일도 좋다.

⑤ 하고 싶었지만 포기했던 것들이 있는가?

과거에 꼭 하고 싶었지만 포기했던 일이나 꿈이 있다면 그때의 하고 싶던 마음과 포기하면서 느낀 아쉬움을 떠올리며 쓰자. 어릴 적 연예인, 모델이 꿈이었으나 포기했던 한 수강생은 인스타그램으로 꿈을 이루었다. 그녀는 당당하고 자신감 있는 모습으로 페르소나를 설정하고 춤이나 패션 관련 게시물을 업로드하였는데 나중에는 에이전시와 콜라보하여 주부 모델로서 활동했다. 또 방송작가가 꿈이었던 한 수강생은 인스타그램으로 짧은 에세이를 올렸고 나중에는 그것을 모아 브런치 작가로 활동했다.

인스타그램은 무자본으로 하고 싶은 것들을 모두 시작할 수 있는 공간이다. 굳이 공동 구매나 마케팅이 아니어도 올리고자 하는 게시물에 따라 얼마든지 영향력 있는 사람이 될 수 있다.

위의 질문에 대한 답을 모두 썼다면 이제 큰 카테고리를 정해 분류해보자. 음식 / 운동 / 인테리어 / 경제 / 육아 / 여행 / 교육 / 뷰티 / 예술 등으로 묶어볼 수 있다. 새로운 카테고리를 만들어도 좋다. 지금까지 썼던 나를 수식하는 키워드 중에 핵심이라고 생각하는 단어가 많이 있는 카테고리를 찾는다. 그렇게 해서 나온 카테고리가 1개면 더 말할 나위도 없이 페르소나 설정에 용이하다. 그러나 2개 이상이면 해당 카테고리가 지속 가능한지 아닌지를 파악한 다음 선택 여부를 결정하는 게 좋다.

여기서 말하는 '지속 가능'은 해당 카테고리에 관한 콘텐트가 다양하게, 많이 나올 수 있는지를 의미한다. '음식'으로 예를 들면, 그저 아침, 점심, 저녁을 먹는다고 해서 음식으로 정하는 것이 아니라 '음식'이란 주제를 콘텐트로 만들 때 다양한 주제 50가지 정도(혹은 그 이상)가 나올 수 있는지를 고려해야 한다. 그리고나서 선택된 2개 이상의 카테고리 중 지속가능성이 없는 주제는 과감하게 제외시킨다.

만약 2개 이상의 카테고리가 평범해서 어느 한 가지도 고르기가 힘들다면, 두 주제를 합칠 수 있다. 예를 들어 육아와 여행이 카테고리로 잡혔다고 가정해보자. 누구나 할 수 있는 특색이랄게 없는 육아와 여행이지만, '첫 돌 전 아이와 함께하는 국내 여행' 콘텐트는 특별함을 부여할 수 있다. 아이와 함께 하는 곳, 아이와 갈 수 있는 여행지, 아이들에게 맞춤인 여행지 등으로 아이가 중심이 된 여행지들을 소개함으로써 많은 육아맘과 육아대디에게 육아와 여행 정보를 주는 계정을 운영해볼 수도 있기 때문이다. 이처럼 내가 가진 여러 키워드를 조합해 나의 페르소나를 만들 수 있다. 아래 분류표는 카테고리를 선정하여 내 페르소나를 설정할 때에 도움이 되니 잘 활용해보길 바란다.

유머, 옷을 잘입음, 공감을 잘함, 회사업무, 요리 (국, 찌개), 운전, 노래, 아기자기 문구류, 맥주, 술안주, 수다, 예쁜 곳 찾아다니며 사진찍기, 드라마, 독서, 조용한 카페, 김밥, 혼술, 백화점 판매 아르바이트, 텔레마케터, 딸아이 옷 코디, 색칠, 살림 모으기(그릇, 콜라, 과자 등), 센스, 엉뚱, 목소리가 크다, 화통함, 추진력, 일이 빠르다, 생활력이 강하다, 30kg 체중 감량.

패션	옷을 잘 입음, 딸아이 옷 코디, 센스
음식	요리(국, 찌개), 맥주, 술안주, 조용한 카페, 김밥, 혼술
다이어트	30kg 체중 감량
성격	유머, 공감, 센스, 엉뚱, 목소리가 크다, 화통함, 추진력, 생활력

이 사례는 실제로 어떤 수강생이 제출한 마인드맵 단어들이며, 큰 카테고리인 패션, 음식, 다이어트로 분류해보았더니 '음식'과 '성격'에 가장 많은 키워드가 모였다. 이 수강생은 혼술이라는 키워드와 안주를 만들며 유머러스하고 엉뚱하며 화통한 모습을 합쳐 혼술 하는 유쾌한 언니라는 페르소나를 설정했다. 그녀는 자신의 페르소나를 콘텐트로 만들며 팔로워들과 소통하고 있고, 그녀의 콘텐트에 친근한 매력을 느낀 팔로워들도 지속적으로 호응하고 있다.

─── ⊕ Q ◁ Q ⊓ ⌂ ♡ ───

이미지로 페르소나 표현하기

♡ 내 계정을 상징하는 컬러 선택하기

페르소나를 설정하였다면 이제는 페르소나에 맞는 메인 컬러를 선택할 차례다. 메인 컬러를 선택하면 글을 읽지 않아도 피드 전체 느낌만 보고 내가 연출하고자 하는 느낌을 직감적으로 전달할 수 있다. 예를 들어서 밝고 명랑한 이미지의 페르소나를 설정하였다면 색감도 무채색 계열보다 무지개색이나 노랑, 빨강, 초록 등의 밝고 환한 색감을 선택하는 게 좋다.

반대로 따뜻하고 감성적인 페르소나를 설정했다면 원색 계열보다는 베이지, 파스텔 계열의 색을 선택하는 것이 따뜻하고 감성적인 느낌을 극대화할 수 있다. 전문적인 기술, 지식을 알려주는 세련되고 지적인 느낌의 계정을 운영하고 싶다면 무채색 계열의 블랙/화이트 색감을 이용하여 표현하는 것이 좋다.

색이 주는 영향은 개인의 경험에 따라 달라질 수 있지만, 페르소나의 메인 컬러를 선택할 때 스탠퍼드대학교 제니퍼 아커 교수의 색의 심리학 연구는 참고해볼 만하다.

파란색	• 마케팅에서 브랜드에 대한 자신감과 신뢰감을 나타낸다. • 사람들의 식욕을 억제하는 효과가 있어 음식 광고에는 거의 사용하지 않는다.
빨강	• 역동적이고 매혹적인 색이다. • 마케팅에서 식욕을 자극하고 충동구매를 조장하는 데 사용된다.
노랑	• 명확함을 나타내는 색으로 선반의 특정 제품에 주의를 환기시키는 데에 사용된다. • 눈을 빠르게 지치게 하여 남용해서는 안 된다.
초록	• 건강, 자연, 성장, 재생, 상쾌함, 평화를 나타내는 색으로 긴장을 푸는 데 도움이 된다. • 짙은 초록색은 돈, 경제 및 부르주아를 상징한다.
검정	• 강한 감정을 생성하고 권위를 나타내며, 보수적인 사람을 대표하는 색이다. • 마케팅에서는 우아, 은밀, 신비, 세련을 상징하기도 한다.
흰색	• 개방적, 정직함, 평화, 치유, 평온을 나타낸다. • 의류에서의 흰색은 사회적 지위를 상징한다.
보라색	• 여성성, 상상력, 창의력, 지혜를 나타낸다. • 마케팅에서 미용 또는 노화 방지 제품을 위해 자주 활용된다.

주황	• 주황색 계열의 색은 지나치지 않고 부드럽고 친절하며 편안해야 한다. • 구매를 장려하는 색으로 마케팅에서도 선호한다. • 긍정, 따뜻함을 나타내고 '향기'의 감각을 생성시킨다.
분홍	• 매력, 낭만, 달콤함, 소년, 소녀를 상징한다. • 부드러움을 나타낸다.

♡ 메인 컬러 표현하기

아래의 몇 가지 팁을 적용하여 메인 컬러를 표현해보라.

① 카드 뉴스를 작성하거나 사진을 찍을 때 피사체가 있는 뒷배경을 동일 색감으로 통일하기.

② 계정주 본인이 게시물에 나올 때는 메인 컬러가 들어간 의상을 입고 촬영하기.

③ 제품만 찍을 때는 설정한 컬러가 들어간 소품을 배경으로 사용하기.

④ 통일성을 위해 필터나 수정 효과를 동일하게 사용하기. 피드 전체에 동일한 효과의 필터를 사용하거나 사진 수정 시 온도나 색채 범위를 비슷하게 조정하면 피드에 통일감이 생기고 한층 매력적으로 느껴진다. 단, 온도나 색채 범위를 과하게 조정하면 역효과를 불러올 수 있으니 은은하게 표현하는 것이 포인트.

⑤ 프로필 사진에 메인 로고나 얼굴의 배경에 메인 컬러 넣기. 'MagicCut' 앱을 사용하면 사진에서 인물만 오려내어 배경을 자유롭게 바꿀 수 있다.

▲ 수강생의 피드 before　　　　▲ 수강생의 피드 before

▲ 수강생의 피드 after　　　　▲ 수강생의 피드 after

해당 계정은 어느 수강생의 계정으로 기존의 계정에서는 메인 컬러가 없어 다소 산만한 느낌이 들었다. 그러나 강의 수강 후에는 제품의 패키지 색인 초록색을 메인 컬러로 설정했고 프로필의 사진부터 전체적인 사진 속 소품을 초록색으로 통일해 전체적으로 정돈된 느낌을 연출했다. 마지막으로 자연광을 활용해서 사진의 밝기도 조절했다. 계정 피드를 메인 컬러로 통일한 이후 3주 만에 팔로워가 1,000명이 증가하였다.

PART 4

팔로워 0명에서 시작하는 인스타그램:

잠재 고객을 유인하는 특급 노하우

Santamom_insta
181._queen_.181 · 원본 오디오

•••

좋아요 35,000개

Santamom_insta   #월 매출 1억! 산타맘의 인스타그램 비밀과외

댓글 2,300개 모두 보기

6일 전

나의 첫 팔로워 만들기

♡ 팔로워를 늘리는 가장 기본적인 방법

인스타그램에서 영향력을 키워 최종적으로 수익을 얻기 위해서는 팔로워가 있어야 한다. 팔로워는 내가 올린 게시물을 가장 먼저 보는 사람들로, 팔로워의 수가 많으면 많을수록 다양한 수익 구조를 형성할 수 있는 기회가 더 많이 생길 수 있다. 나의 게시물을 10명이 보는 것과 10만 명이 보는 것의 차이는 두말할 필요가 없이 하늘과 땅의 차이다.

어떤 사업이나 서비스를 시작했다고 가정해보자. 그다음 해야 할 일은 무엇인가? 바로 내가 사업을 하고 있다는 것을 적극적으로 잠재적인 고객들에게 홍보하는 것이다. 어떤 사업이나 서비스의 수익을 창출하기 위해서는 노력을 기울여야 한다.

인스타그램도 마찬가지이다. 나의 게시물을 누군가 알아서 찾아와 팔로워를 하고 좋아요를 눌러주면 좋겠지만 현실은 그렇지 않다. 처음부터 많은 사람의 마음을 사로잡을 수 있는 매력적인 게시물을 만들기란 쉽지 않을 테니 말이다.

수익화를 위해 성장시킬 목적의 계정일수록 처음부터 어떤 게시물을 업로드할지와 올린 후 어떤 활동을 하느냐가 중요하다.

무료로 팔로워를 늘리는 가장 즉각적이고 빠른 방법은 선팔, 맞팔이다. 선팔 맞팔은 말 그대로 타인의 계정에 가서 좋아요, 댓글을 남기거나 선팔(먼저 팔로우)을 하며 소통을 요청하는 일이다. 관심사가 비슷하면 상대방이 맞팔(서로 팔로우)해줄 것이고 이때 나의 팔로잉 수와 팔로워 수가 동시에 상승하게 된다. 쉽게 말해 나도 '당신의 팬이 되어드릴 테니 당신도 나의 팬이 되어주세요'라는 의미이다. 만약 먼저 신청을 했으나 상대방이 수락하지 않는다면, 기존에 신청했던 선팔을 취소하는 언팔을 하면서 서로 맞팔한 계정으로만 팔로워를 서서히 증가시키기 좋다. 상대방에서 맞팔해주지 않는 계정을 삭제하는 이유는 소통을 원하지 않는 사람의 계정에 불필요하게 방문하는 시간이 늘어나거나 팔로워 수보다 팔로잉 수가 많아지면서 자칫 선팔만 하고 다니는 계정, 그러니까 매력이 없는 계정으로 보일 가능성이 있기 때문이다.

팔로잉은 계정당 7,500개까지만 할 수 있기 때문에 이 방식대로 하면 팔로워는 최대 7,500명까지 늘릴 수 있다. 하지만 이렇게 선팔, 맞팔된 계정들은 매우 느슨한 관계라고 볼 수 있다. 내적 동기 즉, 스스로 이 계정에 매력을 느껴 앞으로 보고 싶다고 판단하여 팔로워를 신청한 것이 아니므로 내가 선팔 신청을 취소하게 되면 상대방에서도 팔로워를 취소할 확률이 높다. 또한, 7,500개의 계정과 소통하기는 여간 어려운 노릇이 아니라서(7,500개의 계정에서 올리는 게시물을 모두 확인할 수 있겠는가?) 소통을 이어가지 않는다면 팔로워 수가 몇 천 명이 넘더라도 끝내는 게시물의 좋아요, 댓글 수가 늘기보다 현저히 줄어드는 결과를 야기할 수 있다.

그렇기에 선팔, 맞팔로 팔로워를 늘리는 작업을 할 때는 내 게시물에 반응할 대상인지 아닌지를 분명히 확인한 후 소통을 시작해야 한다.

♡ 선팔 작업을 피해야 할 대상 유형

① 팔로잉 수가 과도하게 많은 계정

팔로잉 수가 과도하게 많다면 내 계정에 와서 반응해줄 확률이 현저히 떨어진다.

② 최근 게시물이 올려진 시기가 한참 지난 계정

최근 게시물의 업로드가 한참 지난 계정은 인스타그램 활동을 자주 하지 않는다는 의미이기 때문에 이 또한 내 계정에 와서 반응해줄 확률이 낮다.

③ 내가 올릴 콘텐트와 카테고리가 다른 계정

아무리 자주 활동하는 계정이라도 중심 카테고리가 다르면 관심사가 아니기 때문에 내 게시물에 반응해줄 가능성이 낮다.

결국, 최종 목표는 팔로잉을 한 대상들과 내 계정의 카테고리가 같다는 것을 인스타그램 알고리즘에 알리는 것이고 그들의 반응(댓글, 좋아요, 공유, 저장)으로 내 계정을 팔로우 하지 않은 계정들에 대한 노출량을 증가시키는 것이다.

♡ 맞팔률을 높이는 방법

① 프로필 사진에 계정주의 얼굴을 넣는다

계정주의 얼굴이 프로필 사진에 가게 되면 훨씬 더 신뢰도를 높일 수 있다.

② 게시물에 대한 진정성 있는 댓글을 남긴다

"선팔하러 왔어요.", "피드가 예쁘네요." 등의 기계적인 댓글이 아니라 해당 게시물을 보아야만 할 수 있는 정성스런 댓글을 남기는 것이 좋다.

③ 최근 게시물 3개 정도에 '좋아요'를 준다

게시물 딱 한 개에만 좋아요나 댓글만 하나 남기는 것보다 최근 게시물에 관심을 가지고 좋아요를 눌러보자.

맞팔은 내 콘텐트가 얼마나 타인에게 어필할 수 있는지를 확인할 수 있는 가장 기초적인 작업임을 기억하라. 맞팔률이 높다는 것은 팔로워가 아닌 계정에 노출이 되었을 때, 내 게시물을 처음 본 사람이 팔로워로 유입될 가능성이 높다는 것을 의미한다. 그러니 처음 관계를 맺는 그들에게 앞으로 팔로우를 지속할 만한 매력적인 계정이 되도록 노력해야 한다.

선팔, 맞팔을 하고 나서도 먼저 좋아요, 댓글 작업을 찾아가서 하도록 하고 그들이 꾸준히 계정으로 유입될 수 있도록 시간을 할애해야 한다. 인스타그램은 소통기반이기에 활발히 활동하는 계정의 반응이 좋을 수밖에 없다.

이러한 작업은 내 계정을 성장시키기 위해 반드시 필요한 초기 작업이다. 하지만 언제까지 선팔, 맞팔로만 계정을 키울 수도 없는 노릇 아닌가. 결국 선팔, 맞팔에 애쓰지 않고도 저절로 팔로우가 늘어나려면 무엇보다 혹할 만한 매력적인 콘텐트가 필요하다.

매력적인 콘텐트를 만드는
다섯 가지 방법

　아무리 선팔, 맞팔을 많이 해도 콘텐트가 바탕이 되지 않는다면 계정의 성장은 멈출 수밖에 없다. 오히려 언팔하는 계정만 많아질 것이다. 당신은 자신에게 도움 되거나 재미있는 게시물이 아닌데도 아무 계정을 무조건적으로, 습관적으로 팔로우해서 지켜보는가? 아마 그렇지 않을 것이다. 오히려 도움이 되거나 재미가 있어도 게시물만 저장하고 팔로우는 하지 않은 경험이 더 많을지도 모르겠다.

　인플루언서라고 불리는 계정들을 보면 팔로잉보다 팔로워가 월등히 많다. 이는 스스로 유입된 계정이 많다는 것을 의미한다. 당신은 어떤 계정을 맞팔 기대 없이 팔로우하고 있는가? 내가 맞팔 기대 없이 팔로우하고 있는 계정은 주로 롤 모델로 삼고 싶거나 유용하거나 따라해보고 싶은 정보를 얻을 수 있거나 여유시간을 보낼 수 있는 콘텐트가 있거나 참여할 수 있는 계정이다.

결국 내 계정도 내가 팔로우한 계정들처럼 다른 사람에게 롤 모델이 되거나 내 팔로워들이 원하거나 도움이 되는 주제에 대한 정보를 주거나 참여할 수 있는 소재나 시간을 보낼 수 있는 콘텐트를 보여 줄 수 있어야 한다. 일상을 소재로 콘텐트를 만들 때는 나의 일상이 타인에게 어떤 재미 요소를 줄 수 있는지, 내 일상이 누군가에게 롤 모델이 될 수 있는지, 내가 그들에게 줄 수 있는 정보가 있는지 고민해야 한다.

수많은 콘텐트의 바닷속에서 살아남으려면, 정말 내 계정이, 내가 올린 게시물이 다른 사람이 볼 때 팔로우할 만한 가치가 있는지 스스로 물어봐야 한다. 특히 주요 카테고리가 비슷한 사람이 볼 때 매력적이라면, 자연스레 좋아요와 댓글이 많아지고, 노출량도 그만큼 증가할 것이다.

♡ 팔로우하고 싶어지는 매력적인 콘텐트 만들기

인스타그램으로 수익을 얻고자 하는 사람에게는 다른 무엇보다 팔로우가 늘어날 만한 콘텐트를 준비하는 것이 중요하다. 아무리 노출이 많이 된다고 해도 결국 계정을 팔로우하는 건 사람이다. 나의 게시물로 잠재적인 팔로워들의 마음을 사로잡아야 한다.

그렇다면 매력적인 콘텐트를 만들기 위해서는 무엇을 해야 할까?

• 첫째, 벤치마킹 계정을 찾는다. 내 계정에 효과적인 유입과 팔로워 증가를 위해서는 끊임없이 많이 보고 준비해야 한다. 앞서 PART 3에서 언급했듯이 어떤 콘텐트가 좋은 콘텐트인지 모르겠다면 내가 정한 타겟에 맞는 벤치마킹 계정의 게시물을 보고 공부하라. 그들의 게시물에서 어떤 게시물에 댓글과 좋아요의 수가 제일 많은지를 확인해서 그와 비슷한 유형의 게시물을 올려보는 것이다.

• 둘째, 벤치마킹 계정을 분석하고 적용한다. 참고삼아 사진의 구도, 포즈, 글의 주제 등을 분석하고 나의 상황들에 맞추어 각색해서 올려볼 수 있다. 갑자기 노출이 많이 된 영상이 춤 영상이라면 따라 춰보기도 하고 촬영장소가 야외라면 의도적으로 야외 촬영을 할 수도 있다.

• 셋째, 주제에 맞는 관련 정보를 포털 사이트나 해시태그를 통해 검색해본다. 올리고자 하는 주제를 내가 알고 있는 정보로만 구성할 것이 아니라 다른 채널들을 참고하여 아이디어나 내용을 풍부하게 만들어볼 수 있다.

• 넷째, 비슷한 주제의 내용들은 시리즈물로 제작한다. 의류를 판매하는 계정을 운영하고 싶다면 옷 잘 입는 법, 옷 활용 노하우, 계절별 코디 방법 등이 포함된 시리즈물로 만들 수도 있다. 운동 계정을 운영하고 싶다면 허리가 단련되는 운동법, 어깨 통증에 좋은 동작 등을 시리즈 물로 만들 수 있다.

• 다섯째, 게시물들은 반드시 A/B 테스트를 통해 콘텐트 준비를 한다. 메인 카테고리를 정하지 못했거나, 카테고리가 있다 할지라도 어떤 콘텐트를 준비해야 할지 모른다면 어떤 콘텐트가 더 좋을지 게시물을 올려 테스트를 해봐야 한다.

A라는 게시물과 B라는 게시물을 올려보고 A가 더 반응이 좋다면, A' 게시물을 만들어보는 식으로 말이다.

팔로우와 구매로 이어지는 글쓰기 노하우

♡ 글로 캐릭터 표현하기

글쓰기도 하나의 연극무대와 같다. 내 계정의 캐릭터를 명확하게 하여 캐릭터에 어떤 옷을 입힐지 어떤 말을 시킬지를 구상하여 표현해보자. 시선이 편안하게 머물 수 있도록 다양한 방법으로 나의 글쓰기 스타일을 만들어 가자.

♡ 소통하는 글쓰기

글은 생각을 표현하는 도구로 글쓰기를 통해서도 캐릭터를 표현할 수 있다. 인스타그램의 글은 내 글을 읽을 독자가 많이 있다는 것을 염두하고 써야 한다. 더 이상 개인 일기장이 아니라 나의 영향력을 키우는 브랜딩 계정으로 성장하고 싶다면 말이다.

수정 전:
3월 5일 제주도 여행 다녀옴, 00 방문
수정 후:
여러분 저 제주도 왔어요. 계획 없이 무작정 왔는데 어디로 가야 할까
요?

수정 전 글은 나만의 다이어리에 쓰는 스케줄 가운데 한 줄과 같다. 한 마디로 무미건조하고 딱딱한 느낌이다. 극단적으로 얘기하자면 그 글을 읽은 누군가를 위한 글이 아니라 자신이 쓰고 싶은 대로 쓴 것만 같다. 이런 글에 반응하고 싶어도 좋아요 버튼에 손이 가지 않는다. 하지만 수정한 글은 어떤가? 누군가에게 말을 걸고 물어보는 듯한 글을 써서 댓글 반응을 유도한다. 이때 제주도를 아는 사람들이 댓글로 갈 만 한 장소를 알려줄 수 있다. 그렇게 해서 추천받을 곳을 방문한 후 인증 게시물을 업로드하거나 해당 댓글에 대댓글로 응답하면서 다음 게시물들로 자연스레 사람들의 반응을 이어갈 수 있다.

해당 계정에 얼마나 많은 시간과 공을 들였느냐에 따라 생기는 애정의 크기가 달라진다. 팔로우 혹은 잠재적인 팔로우들이 반응하게끔, 마치 이야기를 걸듯이 글을 쓰자. 그렇게 쓴 내 게시물에 댓글을 남기면

나도 그에 반응하여 댓글로 꾸준하게 소통하자.

♡ 신선함을 더하는 시점변경

시점을 바꿔서 써보는 것도 게시물에 매력을 더하는 글쓰기 방법이다. 일반적으로 계정주 즉 글을 쓰는 사람의 시점에서 글을 쓰는데 사진이나 영상에 나오는 대상의 시점으로 글을 쓴다면 보는 이로 하여금 신선함을 줄 수 있다.

A. 아이의 옷 사진 - 엄마시점:

오랜만에 등원을 했어요 날씨가 추운데 옷을 입지 않겠다고 떼를 써서 아침마다 전쟁이에요 … (생략)

B. 동일한 사진 - 아이 시점:

이모들. 엄마가 오늘 말도 안 되는 옷을 입으라는 거에요. 내 여친이 반할 스타일로 제발 입혀줬으면 좋겠어요 나도 말을 할 줄 알면 엄마한테 말할 텐데. 이모들이 전해줄래요?… (생략)

만약 이 아이가 말을 배우지 못한 아주 어린 아기라면 어떠한가? 계정주인 엄마가 하는 글보다 아이의 속마음을 얘기하는 듯한 글이 좀 더 독특하고 흥미를 유발할 수 있다.

이는 반려동물 계정을 운영하는 계정이나 제품 사진을 주로 올리는 계정에도 적용해볼 수 있다.

A. 계정주 시점:

냥이와 산책을 갔어요. 모처럼 나온 산책에 들떴네요 … (생략)

B. 고양이 시점:

우리집 집사가 나를 데리고 또 어딘가를 간다. 여긴 어디인가 나는 누군가… (생략)

어떤가? 말하지 못하는 고양이가 계정주를 집사라 표현하면서 주인이 의도한 것과는 다른 느낌으로 글을 쓴다는 것만으로도 흥미와 재미를 유발할 수 있다. 이때 고양이의 캐릭터도 페르소나를 설정하여 까칠한, 게으른, 능청스러운 등의 캐릭터로 설정할 수도 있다.

♡ 주제는 한 가지만

한 개의 피드에는 한 가지 주제만 있는 것이 좋다. 이 얘기도 올리고 싶고 저 얘기도 올리고 싶다 해서 하나의 게시물에 하루의 일과를 다 적고 있는 모양새라면 잠시 멈춰라.

아무리 좋은 내용이라도 많은 주제를 담으려고 하면 게시물을 읽고 '그래서 무슨 말을 하고 싶은 거야?'라는 생각이 들 수 있다. 그렇게 되면 이미 그 게시물은 의도에서 벗어난 이도 저도 아닌 게시물이 된다.

▲ 딱딱하지 않고 간결한 구어체를 사용하 ▲ 문장이 길어도 줄 바꿈을 적절히 사용하
면 술술 읽힌다   면 부담스럽지 않다

일상을 말하고 싶다면 일상 속의 에피소드 한 가지를 쓰고, 마케팅을
위한 홍보를 하고 싶다면 제품의 특장점 중의 한 가지에 대해 쓰는 것
이 읽기 쉽고 이해하기 쉽다.

 인스타그램에서 대부분의 사람들이 피드 하나당 머무는 시간은 1초
도 채 되지 않는 경우가 절반 이상이다. 하루에도 수도 없이 쏟아지는
게시물 중에 내 게시물에 머무른다고 해도 한편의 장편 소설 같은 느
낌을 준다면 보는 사람들이 지쳐버리기 십상이다.

머무를 수 없는 답답한 글을 공을 들여 적을 필요가 없다. 줄줄 써 내려가는 글보다 오히려 한 가지라도 기억할 수 있도록 한 줄, 두 줄의 간결한 문장이 나을 수 있다. 글이 길어진다면 시선의 흐름이 부드럽게 넘어갈 수 있도록 각 문단에 따라 줄 바꿈을 하고 이모티콘이나 해시태그를 사용해서 필자가 음성으로 읽어주는 듯한 기분이나 느낌을 연출할 수 있다.

노출을 10배로 만드는
해시태그의 모든 것

♡ 해시태그

해시태그는 해시(hash 전화기의 우물정자 #) + 묶다(tag)라는 뜻으로 해당 단어를 #의 표시로 묶는 것을 의미한다. 정보를 검색할 때 네이버에서 검색어를 쓰는 것처럼 인스타그램에서는 해시태그를 사용한 게시물에 한해서만 해당 글을 검색할 수 있다.

'#패션'이라고 게시글에 써야만 검색창에서 패션을 검색했을 때 해당 게시물을 찾을 수 있고 해시태그를 쓰지 않는다면 팔로워의 홈이나 탐색 탭(알고리즘의 추천을 받았을 때만)에서만 노출이 된다. 즉 해시태그를 사용해야 더 많은 노출을 기대할 수 있는 것이다.

♡ 해시태그의 효과

같은 해시태그를 함께 사용하면 분산되어 있는 게시물을 연결하고 모음으로서 그들만의 공동체를 형성하게 해준다. 인스타그램은 #육아, #육아맘 같은 해시태그 사용자들이 육아 카테고리 내에서 연계되어 활동하는 것으로 인식한다. 그래서 검색자는 검색어와 관련된 해시태그를 사용하는 계정의 글을 추천게시물, 추천인을 볼 수 있다. 스폰서 광고 또한 관련 계정을 우선적으로 보여준다.

• 커뮤니티 기능

해시태그는 개인이 직접 만들 수도 있고, 직접 만든 해시태그를 커뮤니티 기능에 활용할 수 있다. 나의 경우는 '#산타맘공구, #산타맘스쿨, #산타맘11챌린지, #산타맘스파르타반, #미라클산타' 등 직접 운영하고 있는 강의명이나 챌린지명을 해시태그로 만들어 참여자들과 함께 사용하기로 약속했다. 이런 해시태그를 사용하면 서로에게 노출이 잘 되는 법이라, 수강생들 사이에 소통도 원활하고 도움도 주고받는 커뮤니티 문화가 활발해졌다.

커뮤니티 기능을 잘 활용하는 대표적인 계정은 '오늘의집(@todayhouse)'이다. '오늘의집' 계정은 129만 명의 팔로워를 보유한 인테리어 전문 계정이다. 직접 찍은 사진만으로 운영하는 것이 아니라 그들의 팔로워들이 '#오늘의집' 해시태그로 올린 영상이나 사진 중에 우수 콘텐트들을 뽑아 오늘의집 계정에 소개해 주는 형태로 계정을 운영해 가고 있다.

이때 팔로워들은 해당 메인 계정에 자신의 게시물이 소개되는 것을 선호한다. 팔로워가 많은 '오늘의집'에 자신의 게시물이 올라가면 많은 사람들이 자신의 계정으로 유입될 확률이 높기 때문이다. 또한 그들이 같은 카테고리 내의 게시물이라는 것을 인스타그램이 인식하도록 하여 인테리어에 관심 있는 다른 계정들에게 전보다 더 많이 노출이 되도록 도와준다.

• 모아보기 기능

동일한 주제를 꾸준히 시리즈물로 제작할 때 해시태그를 의도적

▲ #산타맘스파르타반 게시물 모아보기

▲ #미라클산타 게시물 모아보기

▲ #산타맘수학교실 게시물 모아보기

으로 사용할 수도 있다. 필자의 경우는 엄마표 수학이나 엄마표 과학 등의 콘텐츠를 종종 업로드하는 데 해당 게시물마다 '#산타맘수학교실, #산타맘과학놀이' 등 몇 개의 동일한 주제가 있는 게시물에 특정 해시태그를 사용하고 있다. 해당 해시태그를 눌러 보면 해당 해시태그를 사용했던 이전 게시물들을 모아서 볼 수 있다. 이때 조회한 누군가의 관심 주제가 해당 게시물과 같다면 같은 해시태그를 사용한 예전에 올린 글까지 클릭하게 된다. 결론적으로 내 계정에 오래 머물게 되어 계정 전체의 반응을 높여줄 수 있다.

♡ 해시태그 사용방법

해시태그는 한 게시물당 30개까지 쓸 수 있다. 하지만 해시태그를 과하게 많이 쓰게 되면 글이 산만해 보이고 콘텐츠 주제와 관련 없는 해시태그를 사용할 수도 있기에 10개 정도 사용하기를 추천한다.

해시태그를 쓸 때 띄어쓰기를 하면 해시태그 적용이 되지 않는다. '#산타맘 스쿨'처럼 띄어쓰기를 하면 붙여져 있는 '#산타맘'까지만 인식이 된다. 내가 해시태그로 쓰고 싶은 문구가 있다면 띄어쓰기 없이 쓰도록 하자. 일부는 해시태그가 검색을 유발한다는 측면에서 모든 글을 해시태그로 사용하거나 나와 관련 없는 해시태그를 무작위로 사용하는 경우가 있다.

'#오늘 #친구와 #강남에 #갔어요'처럼 모든 단어에 해시태그를 사용한다고 가정해보자. 설령 친구, 강남을 검색하는 누군가가 있을지라도 '친구랑', '강남에'처럼 조사까지 붙은 단어를 검색하는 사람은 많지 않을 것이다.

A. 수정 전:
#오늘 #친구와 #강남에 #갔어요

B. 수정 후:
오늘 ○○랑 강남에 갔는데 여기 핫플이에요 #강남 #강남핫플

해시태그는 게시물의 성격을 고려해서 적절한 것만 사용하자. 예를 들자면 운동하는 모습의 사진과 본문 글을 써놓고 댓글에 '#부산맛집 #먹방러 #먹방'이라는 해시태그를 남긴다면 어떤가? 검색어를 검색해서 노출된다 하여도 게시물을 누를 확률이 낮아 인기 게시물에 등재되기는 어려울 것이다.

해시태그를 사용할 때는 본문에 쓰는 방법과 댓글에 쓰는 방법이 있다. 본문에 사용할 때는 해시태그 부분이 파란색으로 표시되기 때문에 핵심 문구를 해시태그로 활용하여 강조할 수 있다. 예를 들어, '#프로필링크클릭, #저장각' 등의 해시태그로 프로필 링크나 게시물의 저장을 적극적으로 유도할 수도 있고 글의 재미 요소를 담기

위해 '#애송이들아, #현실부부' 등의 문구를 해시태그로 사용할 수도 있다. 또는 판매하는 제품명을 검색하게 하거나 제품을 강조하기 위해 제품명에 해시태그를 적을 수도 있다.

반대로 '#육아, #뷰티, #뷰티스타그램' 등 내 계정의 일반적인 노출을 위해 사용하는 해시태그는 본문에 함께 사용할 경우 글이 전체적으로 산만할 수 있다. 이때는 댓글이나 대댓글에 미처 본문에 쓰지 못한 해시태그들을 쓰자. 본문에 쓰든, 댓글에 쓰든, 두 방법 모두 노출에 똑같은 효과로 작용하므로 기왕이면 보기에 깔끔하게 숨겨놓자.

어떤 해시태그를 선택해서 사용할 것인가? 팔로워를 늘려 계정을 브랜딩하고 싶다면 내 계정과 게시물을 좋아할 만한 사람들이 많이 사용하는 해시태그를 선택하는 것이 좋다.

'#육아, #운동, #인테리어, #30대, #잠투정, #돌아기, #주방' 등은 소비자가 될 가능성이 많은 계정에서 자주 사용하는 해시태그인 반면에 '#육아템, #육아템공구 #인테리어소품, # 인테리어소품추천, #이벤트' 등은 판매자가 주로 사용하는 해시태그이다.

팬, 팔로워, 고객을 만들고자 한다면 그들이 직접 사용하는 해시태그의 최근 게시물에 있는 게시물에 관심을 표현하고 소통을 시작하는 것이 좋다. 반대로 이미 브랜딩이 되어 제휴마케팅을 시작하였거나, 추천 제품을 리뷰하는 형태의 글을 게시한다면 '#000추천 #000공구 #육아템 추천 #000공구' 등을 직접 사용할 수도 있다. 이처럼 해시태그는 해당 게시물을 통해서 계정을 키울지, 판매를 할지에 따라 쓰임새를 다르게 할 수 있다.

'#맞팔 #좋아요 #좋아요반사' 등의 무분별한 좋아요나 답방을 요구 하는 해시태그는 피하는 것이 좋다. 설령 해당 해시태그로 팔로워나 좋아요 수가 증가했더라도 관심을 표현한 이들이 타겟과 맞지 않을 확률이 높고 그로 인해서 인스타그램이 나의 카테고리를 정확히 인 지하지 못하여 관심사가 맞는 타겟에게 추천되지 않아 길을 잃을 가 능성이 있다.

그럼에도 어떤 해시태그를 사용해야 할지 떠오르지 않는다면 Flick(www.flick.tech)이나 키워드마스터(whereispost.com), 네이버 광고 사이트 (searchad.naver.com), 트렌드 구글(trends.google.co.kr)로 검색해볼 수 있다. 해당 사 이트는 대표 해시태그를 검색하면 관련 해시태그를 알려주고 검색량 이 얼마인지, 얼마나 노출되고 있는지 알려주는 지표로 활용할 수 있 다. 또 연관 해시태그 위주로 내 게시물의 내용과 유사한 해시태그를 선정해서 사용해 볼 수 있다. 총 조회수에 비해서 게시물의 수가 적으 면 적을수록 비교적 노출이 잘 된다.

▲ Flick(www.flick.tech) 홈페이지 화면

▲ 사이트 (searchad.naver.com) 홈페이지 화면

♡ 인기 게시물 노출을 위한 준비

검색창에 들어가 검색한 해시태그를 눌러보면 '인기 게시물'과 '최근 게시물'로 게시물들을 구분하여 볼 수 있도록 구분해놨다. 인기 게시물은 해당 해시태그를 사용한 게시물 중에 반응이 좋은 게시물 순으로 보이는 것이고 최신 게시물은 최근에 업로드된 순서로 보이게 된다.

인기 게시물에 내 게시물이 올라간다는 것은 검색자들에게 최우선으로 노출된다는 것을 의미한다. 따라서 인기 게시물에 많이 업로드될

수록 계정이나 상품을 홍보하기 좋기 때문에 해시태그를 전략적으로 사용해야 한다.

인기 게시물을 만들기 위해 '좋아요'를 올려주거나 게시물을 노출시켜주겠다는 홍보사이트가 있지만 추천하지 않는다. 현재 인스타그램은 허수로 만들어진 로봇 작업량을 적극적으로 차단하고 있어, 자칫 계정 사용이 제한되거나 계정이 해킹당할 위험도 있다.

대다수의 사람들이 해시태그의 원리를 알지 못해 '#육아, #뷰티, #여행'과 같은 대형 해시태그부터 나열한다. 하지만 끊임없이 새로운 게시물이 업로드되는 대형해시태그에 아직 팬층이 두텁지 않은 계정이 단박에 인기 게시물이 되기란 어렵다. 설사 올랐다 하더라도 경쟁이 치열해 단 몇 초도 머무르기가 쉽지 않다.

♡ 크기별 해시태그 공략법

인기 게시물에 등재되기 위해서는 도미노 효과를 이용해야 한다. 한 개의 도미노는 1.5배가 큰 것도 넘어 뜨릴 수 있는 힘이 있다고 한다. 처음 작은 도미노가 5cm라면, 18번째 도미노의 크기는 피사의 사탑 정도가 되고, 23번째 도미노의 크기는 에펠탑, 31번째 도미노는 에베레스트산을 내려다볼 정도라고 한다. 보통 이 원리는 업무성과에 적용을 많이 하는데 해시태그의 원리에도 적용할 수 있다.

육아 관련 해시태그를 사용한다고 해보자. 검색해보면 해시태그의 크기별로 관련 해시태그가 보인다. 즉 #육아를 검색하면 #육아일상, #육아스타그램 등이 함께 보이고 그 옆에 게시물의 개수가 나온다. 여기서는 게시물의 개수를 '크기'라고 하겠다.

현재 검색의 최종 목표는 가장 큰 대형 해시태그인 '#육아'의 인기 게시물에 등재되는 것이다. 하지만 현재 내 게시물이 대형 해시태그에 노출되지 않는다면 해시태그 크기를 낮추어 작은 해시태그부터 공략한다.

해시태그 크기는 해시태그를 사용한 게시물의 개수라고 인지하고 크기별로 쭉 나열되었다고 하면 대형 해시태그 / 중간 해시태그 / 소형 해시태그로 분류를 한다.

- 대형 해시태그: 내 게시물이 한 번도 인기 게시물에 노출되지 않은 크기의 해시태그

▲ 해시태그의 크기는 검색으로 확인할 수 있다

★ 나는 매일 인스타그램으로 돈 번다

- 중간 해시태그: 반응이 매우 좋은 게시물에 한해서 드물게 인기 게시물에 노출되는 크기의 해시태그
- 소형 해시태그: 나의 거의 모든 게시물이 인기 게시물에 노출되는 크기의 해시태그

이 분류는 각 계정마다 크기가 다를 수 있다. A 계정은 타겟이 잘 맞고 게시글에 대한 전체적인 반응이 높다면 5만 개의 해시태그에도 쉽게 노출될 수 있다. 이때 A 계정은 5만개가 소형해시태그에 해당한다. 반대로 B 계정은 반응도 적고 소통도 적어 5천 개 해시태그의 인기 게시물에 오르기 힘들다면, 이 때는 5천 개가 아니라 1천 개를 소형 해시태그로 볼 수 있다.

여기서 사람들이 많이 사용하는 대형 해시태그를 안 쓰고 소형 해시태그부터 쓰는 것에 의문점을 가질 수 있다. 그러나 반대로 생각하면 소형 인기 게시물에 노출되지 못한 해시태그라면 그것이 아무리 대형 해시태그라도 최근 게시물에서조차도 금방 밀려날 게 분명하다. 결국 소형 해시태그부터 공략하지 못하면 대형 해시태그 인기 게시물에 노출될 가능성은 점점 줄어들 것이다.

즉, 소형 해시태그 / 중간 해시태그 / 대형 해시태그는 4 : 4 : 2 비율로 사용하는 게 좋다. 예를 들면, 처음에는 게시물 업로드 건수가 1만

개, 2만 개, 5만 개, 10만 개, 20만 개의 해시태그를 각각 사용해서 업로드하고 1시간 후에 그 게시물들을 체크한다. 이때 1만 개, 2만 개의 해시태그는 인기 게시물에 노출되고, 5만 개 이상의 해시태크는 노출되지 않는다면 나의 해시태그는 2만 개의 소형 해시태그가 된다. 이때부터 다음 게시물을 업로드할 때는 2만 개 - 5만 개 크기의 해시태그는 4개, 5만 개 - 20만 개 해시태그는 4개, 그 이상의 대형 해시태그는 2개를 사용하는 것이다.

반대로 같은 상황에서 1만의 해시태그에도 노출되지 않았다면, 소형 해시태그의 크기를 줄인 다음, 게시글은 5000개 이하의 해시태그를 사용하는 식이다. 그렇게 해서 나의 소형 해시태그의 크기는 얼마인지 확인한 후 다음 게시물에 사용할 해시태그의 크기를 정한다.

♡ 인기 게시물 노출을 확인하는 방법

다양한 크기의 해시태그를 사용한 피드를 업로드 후에 약 1시간 후 해당 해시태그를 클릭하여 확인했을 때 인기 게시물에 오른 크기를 파악하면 나의 계정의 소형 해시태그 범주가 정해진다.

이때 게시물을 올리고 확인할 1시간 동안 가만히 있으면 안 된다. 다른 계정에 가서 좋아요를 누르거나 댓글을 남기기도 하고, 스토리를 적극적으로 올려 나의 신규 게시물에 사람들이 적극적으로 많이 반응

하도록 만들어야 한다

이 방법으로 게시물을 업로드하다 보면 점점 소형 해시태그의 크기가 달라지는데 작은 해시태그를 공략하면 다음번에는 그것보다 더 큰 해시태그가 인기 게시물에 노출된다. 해시태그의 크기가 커질수록 이전에는 노출되지 않았던 게시물까지 반응이 좋아져 인기 게시물 상단에 노출되는 효과까지 기대할 수 있다.

해당 방법으로 수강생의 다수가 1주에서 2주 사이에 4000만 개의 대형 해시태그 인기 게시물까지 노출되는 결과를 만들어 냈다. 빠르게 인기게시물에 등재되어 노출되는 게시물을 만들고 싶다면 반드시 이 방법을 써보라. 도미노를 힘껏 쓰러뜨린 작은 도미노가 나중에는 큰 도미노를 쓰러트리는 도미노 효과처럼 소형 해시태그에만 노출되던 나의 게시물이 차츰 대형 해시태그에도 노출되는 결과를 보게 될 것이다.

♡ 사람태그, 위치태그, 쇼핑태그

해시태그 외에도 다양한 태그가 있다. 바로 사람태그, 위치태그, 쇼핑태그다.

사람태그는 게시물과 관련된 다른 계정을 표시하여 그 계정에 게시물 업로드 알람이 가게 할 수 있다. '@+계정명'을 본문이나 댓글에 기입할 때도 업로드 알람이 가게 된다. 다만 사람태그는 상대방의 계정 태그 탭에 내 게시물이 함께 올라가게 된다. 즉 A가 B의 계정을 사람태 그에 입력하게 되면 B에게 알람이 가는 동시에 B의 태그 탭에 A의 게 시물이 업로드된다. 이렇게 되면 B의 팔로워에게도 A의 게시물이 노 출되는 효과를 가져올 수 있다.

위치태그는 게시물과 관련된 위치를 입력할 수 있다. 그래서 사진을 찍은 장소를 태그하면 검색 탭의 위치를 검색한 유저에게 노출될 수 있다. 위치태그는 꼭 지명이 아니더라도 우주, 내 마음속, 방구석 등, 제 한 없이 다양한 장소를 태그하여 재미 요소를 가미시킬 수도 있다.

▲ 사람 태그

▲ 쇼핑 태그

다음은 쇼핑태그다. 자체쇼핑몰을 운영 중이고 페이스북과 연동되어 있다면 페이스북에서 페이지를 만들고 상거래 관리자 등록을 통해 쇼핑태그 기능을 탑재할 수 있다. 태그를 하면 메인 홈페이지의 shop 탭에 노출될 수 있고 게시물을 클릭하면 바로 구매사이트로 접속되도록 설정할 수 있다. 사람태그, 위치태그, 쇼핑태그는 게시물을 업로드하기 전에 설정 가능하다.

PART 5

돈 버는 공동 구매의 모든 것

Santamom_insta
181._queen_.181 · 원본 오디오

좋아요 35,000개
Santamom_insta #월 매출 1억! 산타맘의 인스타그램 비밀과외
댓글 2,300개 모두 보기
6일 전

공동 구매 시작하기와
판매 제품 선정

지금까지 PART 1부터 PART 4에 걸쳐 계정을 튼튼하게 키우는 방법을 알아봤다면 이번 장부터는 돈 버는 공동 구매의 모든 것을 배울 차례다.

♡ 공동 구매의 의미

공동 구매와 비슷한 판매 유형으로는 부동산을 예로 들 수 있다. 부동산 중개인은 매도인(집을 판매하는 사람)과 매수인(집을 구입하는 사람)을 서로 연결시켜 두 사람의 거래가 원만하게 성사되도록 도와준다. 만약 거래가 성사되면 그에 대한 수수료를 취한다. 여기서 부동산 중개인이 바로 공동 구매를 하는 사람이라고 할 수 있다.

★ 나는 매일 인스타그램으로 돈 번다

인스타그램의 수익 구조는 기업과 고객 사이에서 기업의 제품을 홍보 및 판매한 후 판매량에 대한 수수료를 받는 방식이다. 다만 성공적인 판매의 전제 조건은 고객들, 그러니까 팔로워들의 신뢰를 얻어야 한다는 것이다.

▲ 공동 구매 수익 구조

팔로워가 많다면 제품을 알릴 때 팔로워가 적은 계정보다 노출이 상대적으로 많이 되기 때문에 판매가 수월할 수 있지만 애초에 기획한 예상 구매자층과 팔로워의 취향과 전혀 맞아떨어지지 않거나 팔로워에게 제품에 대한 신뢰를 확보하지 못한다면 판매가 되지 않을 수도 있다. 반대로 팔로워가 적지만 그들의 신뢰를 충분히 얻고 있고 팔로워의 취향과 판매 제품이 일치한다면 팔로워의 판매 전환이 많이 이루어질 것이다.

♡ 공동 구매 시작 시기
수강생들로부터 가장 많이 받는 질문은 이런 것들이다. "공동 구매는 언제 시작하면 되나요?", "평소에 일상적인 게시물을 올리던 일상 계정으로 소통하다가 공구(공동 구매)를 하면 언팔(팔로우 취소)이 생기지는 않나요?" 이런 물음에 답하자면, 먼저 공동 구매 시작 시기를 결정하는 건 순전히 본인의 몫이다. 처음부터 계정을 탄탄히 키워 팔로워가 만 명이 되면 시작하는 사람이 있는 반면에, 이것도 경험이기 때문에 팔로워가 적어도 지금 바로 시작해봐야지 하는 사람이 있다.

나의 경우 팔로워가 600명일 때 첫 제품을 소싱하기 시작했고, 팔로워가 1,000명일 때 첫 공구를 시작했다. 여기서 소싱이란 공동 구매를 진행할 제품을 확보하는 것을 의미한다. 당시 내 계정의 팔로워에는 나의 콘텐트나 게시물을 진심으로 좋아해서 팔로우한 진성 고객이 많은 편이 아니어서 댓글과 좋아요의 수가 100개도 채 되지 않을 정도로 매우 적었다. 그럼에도 불구하고 첫 공동 구매에서 1분 만에 준비 수량 완판, 2차 공구에서 500박스의 판매기록을 세웠다.

내가 생각하기에 공동 구매를 시작하기에 필요한 최소한의 진성 고객 수는 100명이다. 수많은 계정 사이에서도 서로의 계정이나 게시물을 기억하고 공동 구매나 이벤트를 진행할 때 응원의 댓글이라도 남겨줄 수 있는 팔로워가 100명이 된다면 지금 당장 시작해도 된다. 단순히 팔로워 수가 100명인 계정이 아니다. 진성 고객을 파악하기 위해 내 계정의 평균 좋아요 수가 100개 정도로 안정적으로 찍히는지, 계정을 기억할 만큼 소통을 자주 하는 팔로워가 100명은 되는지를 먼저 체크해 보자.

결론적으로 공동 구매를 시작할 때 팔로워 수는 적어도 상관없다. 다만 내 게시물에 적극적인 소통을 하는 사람이 100명 이상이 되고 나서야 시작하기를 추천한다. 만 원짜리 제품을 100명이 구매하면 매출이 100만 원이다. 진성 고객이 많을수록 공동 구매는 성공적일 수밖에 없다.

두 번째 질문, "평소에 일상적인 게시물을 올리던 일상 계정으로 소통하다가 공구(공동 구매)를 하면 언팔이 생기지는 않나요?"에 대한 답은 간단하다. 어차피 언팔할 사람은 공동 구매 진행 여부에 상관없이 언팔한다. 우리의 최종 목적은 팔로워의 증가가 아니라 계정의 수익화다. 팔로워들이 필요로 하는 제품을 판매하면 오히려 제품을 사기 위해서 팔로워(고객)는 자연스레 늘어날 것이다. 과도한 광고성 판매가 많이 있는 것이 아니라면 충분히 성장할 수 있다.

♡ 공동 구매 진행 과정과 제품 소싱

공동 구매는 크게 네 단계로 이루어진다.

첫째, 제품 소싱(판매 제품을 찾기) 및 제품 테스트를 거친다. 둘째, 주문받을 준비 링크, 사업자등록증 (필요에 따라), 제품 어필 포인트 자료조사 등 판매에 필요한 것들을 준비한다. 셋째, 제품을 판매하기 위해서 적극적인 홍보를 시작한다. 넷째, 배송의 단계를 거치고 공급사와 정산한다.

가장 먼저 해야 할 단계가 바로 제품 소싱 즉, 판매할 제품을 찾는 단계다. 'PART 1 공동 구매의 특징과 매력'에서 이미 공동 구매는 구매자가 주축이 된다고 말했다. 즉 공동 구매의 제품 소싱은 자신이 쓰는 제품이거나 필요로 하는 제품일 때 공동 구매를 성공적으로 진행할 수 있다. 그렇기 때문에 제품 소싱 단계에서 나는 어떤 것을 좋아하고, 어떤 것을 필요로 하는가를 먼저 고민해야 한다.

나는 육아하는 엄마인 '육아맘'이기 때문에 육아 관련 정보를 주로 올린다. 나의 게시물을 좋아하는 사람들도 대부분 육아맘이어서 육아용품을 판매하면 구매 수요가 많다. 반면 화장에는 전혀 관심이 없다. 늘 사진 속 나는 화장을 하지 않은 맨얼굴이다. 그런데 대뜸 립스틱을 공동 구매한다고 하면 아마 보나 마나 팔리지 않을 것이다. 반대로 평소에 화장하는 모습, 화장하는 방법 등 화장에 대한 관심을 가지고 꾸준히 화장 관련 게시물을 올린 사람이 판매하는 립스틱은 나보다 판매량이 높으리란 걸 쉽게 짐작할 수 있다.

마찬가지로 육아를 하는 엄마는 육아용품이 가장 반응이 좋을 것이고 캠핑을 자주 가는 사람은 캠핑용품이나 여행용품을 판매하면 훨씬 반응이 좋을 것이다. 나의 진성 팔로워들은 내 게시물이 좋아서, 자신의 관심사와 일치해서 나를 팔로우한다는 것을 명심하자.

♡ 공동 구매 제품 선택의 기준

현재 내가 올릴 콘텐트 주제에 맞는 제품은 무엇일까 생각해보고 시장조사를 해야 한다. 시장조사는 말 그대로 내가 선택한 카테고리 내에서 인기 있는 제품은 무엇이고 어떤 제품군을 판매하고 있는가를 확인해보는 것이다. 이때도 필요한 것이 벤치마킹 계정이다. 'PART 3 매력적인 수익화 계정 만들기: 매력적인 계정 세팅'을 읽고 팔로우한 벤치마킹 계정이 있다면 해당 계정들에서 판매하는 제품명을 적어보자. 해시태그를 달아 검색해도 좋다.

예를 들어, #육아템공구라는 해시태그를 검색했을 때 노출되는 인기 게시물만 쭉 훑어보자. 판매되고 있는 제품이 독서대, 영양제, 마스크, 모빌, 유아 도서, 선풍기 등이 있다. 조사된 제품은 체크날짜, 제품군, 제품명, 가격대, 리뷰 등을 기록한다.

제품의 선택기준은 사람마다 다를 수 있다. 똑같은 제품을 구매하더라도 어떤 사람은 디자인을 가장 중시할 수도 있다. 또 어떤 사람은 가성비를 중시하거나 품질을 중시할 수도 있다. 팔로워의 신뢰가 두텁게 형성되어 있는 계정이라면 크게 상관이 없겠지만 일반적으로 팔로워를 맺는다는 것 하나만으로는 나의 판매 제품이 그들의 구매로 이어지지 않는다. 활발한 소통 관계도 중요하지만 팔로워들의 필요와 내가 판매할 제품이 일치하지 않을 수도 있다. 그렇기에 더욱 제품 선정에 신중해야 한다.

다음으로 고려해야 할 기준들을 알아보자

• 첫째, 제품의 하자가 없어야 한다. '설마 내가 하자 있는 제품을 팔겠어?'라며 낙관적으로 여길지도 모르지만, 나의 바람이나 의도와 상관없이 하자는 발생할 수 있다. 따라서 사전에 배송 일정, 배송 상태 등에 발생할 수 있는 어려움이나 문제점을 고려해서 제품 선택을 해야 한다.

예를 들어 농산물을 판매한다고 가정하자. 내가 구매해서 먹은 제품은 달콤하고 배송 상태가 좋을 수 있지만 고객들에게 발송되는 제품은 내가 먹었던 제품과 차이가 있을 수 있다. 특히 지역적 특성(제주도와 제주도 이외의 지역 간의 택배발송은 하루가 더 소요된다)이나 발송할 시점의 날씨 상황 등에 따라 반드시 동일한 품질의 상품이 수확되지 않을 가능성이 있다. 그 외에도 여러 요인에 따라 제품이 배송 과정 중 변질되거나 손상될 수도 있다.

실제로 나도 마켓을 운영하던 초기에 자신 있게 진행했던 농작물이 수확될 즈음 태풍 때문에 과실의 상태가 좋지 않아서 고객대응에 어려움을 겪었던 적이 있다.

•둘째, 팩트 체크를 통한 경쟁력 있는 제품을 선택해야 한다. 판매자 입장에서는 내가 선택한 제품이 최고일 수밖에 없다. 엄마 음식이 세상에서 가장 맛있는 것과 같이 말이다. 그러나 상대방에게는 그렇지 않을 수 있다.

기호가 다른 누군가에게 내 제품을 어필하기 위해서는 경쟁사와 비교했을 때 객관적으로 강조할 수 있는 장점이 반드시 있어야 한다. 온라인 마켓은 직접 만져보고 먹어볼 수 있는 오프라인과 달리 사진이나 영상으로만 경험해야 한다는 한계가 있다. 단순히 "맛있어요, 질이 좋아요, 재미있었어요"라는 말은 실제 경험해보지 못한 고객들에게 아무런 신뢰도, 구매 욕구도 주지 못한다.

•셋째, 가격을 고려해야 한다. 가치에 합당한 금액인지, 그 가치를 내 고객들이 수용할만한지를 고려해야 한다. 가격을 고려하라고 해서 무조건 저렴하게 판매하라는 뜻은 아니다. 사람들은 지불한 금액만큼의 가치를 기대한다. 가격이 높을수록 고객은 그 가격에 준하는 만족스러운 품질을 원한다. 이것을 만족시키지 못했을 때에는 판매가 많이 되었다 할지라도 약이 아니라 독이 될 수 있다. 실제로 저렴한 제품의 반품률은 높은 가격의 제품보다 더 높다는 점을 미루어볼 때 가격과 기대치는 비례한다는 것을 알 수 있다. 제품의 가치와 상응하는 가격을 설정하자.

판매 제품 공급받기

　사람이 모인 곳에는 반드시 마케팅이 시작된다. 어느 동네 작은 축제라도 볼거리가 있어 사람들이 모이면 어김없이 먹거리와 관련 기념품을 판매하기 시작하는 것처럼 말이다. 인스타그램은 연령별, 나라별, 성별에 관계 없이 10억 명 이상이 사용하는 소셜 네트워크 플랫폼이다. 당신이 인지하든 하지 않든 이미 수많은 업체들이 인스타그램에 이미 입점해 있다. 친구들이나 팔로워 해놓은 연예인의 소식을 보고자 홈을 둘러보다가도 피드 중간중간에는 'sponsored'라고 표기된 광고 게시물이 하나씩 들어가 있고, 탐색 탭을 보아도 그러하다.

♡ 제안받는 방법

이렇게 입점되어 있는 업체들의 일부는 자신들의 제품을 좀 더 효과적으로 홍보해줄 많은 인플루언서를 찾고 있다. 팔로워가 1,000명만 넘어도 메시지로 이러한 제품이 있는데 공동 구매나 협찬을 진행해주지 않겠냐고 문의가 올 정도이다. 특정 카테고리에서 (뷰티, 육아, 운동, 인테리어, 음식 등) 꾸준히 관련 제품과 관심 정보 게시물을 올리며 팔로워가 일정 수 이상 확보되면 업체에서 먼저 연락이 올 수도 있다.

▲ DM으로 온 공동 구매 제안

'연락이 왔을 때 한 개도 못 팔면 어떡하지?' 같은 막연한 걱정은 하지 말자. 판매를 위한 긍정적인 피드들이 게시물로 한 개 한 개 모이면 사람들에게 퍼지는 바이럴 마케팅(Viral Marketing)이 되기 때문에 공동 구매를 진행하는 사람이 많으면 많을수록 홍보가 된다고 생각한다. 이러한 바이럴 마케팅의 효과가 일정 수 이상의 팔로워만 되어도 연락이 오는 이유다. 하지만 연락이 온다고 무조건 수락하면 안 된다. 우선 네이버나 인스타그램에서 같은 제품을 판매했던, 혹은 판매 중인 다른 사람들이 있는지, 이 제품의 후기는 어떤지를 꼭 확인해야 한다. 만약 진행해볼 의사가 있다면 공급가액과 공동 구매 판매가를 물어보고, 인터넷 판매가와 가격 경쟁력이 있는지, 해당 제품을 판매하는 다른 인스타그램 계정의 판매액과 차이는 있는지를 비교한다.

직접 연락을 받을 때 주의해야 할 것도 있다. 본사에서 직접 연락하는 경우도 있지만, 대부분은 판매자와 본사를 연결해주는 벤더사에서 연락이 온다. 이때 제안을 받아서 기쁘다고 덜컥 진행할 것이 아니라 다른 유통사와의 차이를 대조해야 한다. 어떤 경우에는 판매가와 마진이 벤더사에서 제시하는 것과 본사에서 직접 물건을 받아서 진행하는 금액과 다를 때가 있기 때문이다. 앞의 내용을 모두 확인한 후에는 제품 테스트를 원한다는 의사를 밝히고, 구매 또는 무료 샘플 등을 요청해 실제로 사용해보자. 그 제품이 스스로도 만족스럽다면 공동 구매를 진행하기로 하고 일정을 잡으면 된다.

♡ 직접 업체 컨택

판매를 하고 싶은 제품이 있다면 먼저 유통판매원에 연락을 취하는 것도 방법이다. 유통판매원의 연락처, 주소 등 업체 정보는 제품의 라벨에서 확인할 수 있지만 꼭 제품 라벨을 보지 않아도 인터넷 검색만으로도 쉽게 찾아볼 수 있다. 해당 업체의 오픈 카톡이나 메일, 전화, 인스타그램 계정 DM으로 연락을 취하는 방법도 있다. 이미 인스타그램으로 공동 구매를 진행하고 있는 업체라면 판매를 해보고 싶다는 의향을 밝히면 되고, 공동 구매에 대해 진행 이력이 없는 업체라면 공급가와 판매가, 판매 경로, 판매 일정 등을 조율해야 한다. 유명 제품의 공동 구매를 위해 계정의 팔로워 수와 그에 따른 영향력을 고려하는 업체도 있는데 팔로워가 천 명만 넘어도 대부분 협업이 진행된다.

공동 구매 문의를 할 때는 이런 식으로 제안하면 된다.

"안녕하세요. 저는 인스타그램에서 ○○○명 정도 팔로워를 보유한 ○○○이라고 합니다. 해당 제품에 대해 관심이 있어 살펴보았고 가능하다면 인스타그램에서 해당 제품의 공동 구매를 진행해보고자 합니다. 제가 해당 제품을 공급받을 수 있을까요? 공급가와 정해진 판매가가 있는지, 공급받기 위해 필요한 준비사항이 있는지 확인하고 싶어서 연락드렸습니다."

그러나 어떤 제품은 인스타그램으로만 유통하는 반면, 어떤 제품은 인스타그램에서는 유통하지 않는다. 만약 인스타그램에서 유통을 안 할 경우, 앞으로 유통을 할 수 있는지는 그 제품의 유통판매원에 문의해야 한다. 내가 팔로워 600명으로 처음 공동 구매를 시작했을 때는 적극적인 전화 연락으로 공동 구매할 제품을 확보하고 판매했다. 그 이후 해당 업체의 다른 제품을 판매하기도 한다. 한 업체와 연결이 되면 해당 업체가 공급하는 제품은 한 가지 제품만 있는 것이 아니기 때문에 한 번만 연결이 되면 다양한 제품의 공동 구매를 진행할 수도 있다.

공구 준비 과정에서 궁금한 것이 있다면 업체에 즉각 문의하자. 업체에 문의하는 이유는 말 그대로 궁금한 사항을 해결하기 위함이지만 얼만큼 신속하고 정확하게 대응을 하는지를 확인하기 위함이기도 하다. 실제로 업무를 진행하는 과정에서 거래처의 답변이 늦게 오면 고객은 마냥 기다리는 경우가 많아 신뢰도에 영향을 미치게 된다.

이런 일련의 과정들을 잘 점검하고 기록하자. 예를 들어, 공동 구매 제품을 테스트하고 타 제품과 비교하는 과정이 판매를 시작하는 과정보다 더 오래 걸리기도 한다. 이런 과정들을 게시물을 통해 알리면 공동 구매의 당위성이 생기고 팔로워들에 신뢰를 줄 수 있다.

♡ 사이트 활용

도매사이트를 이용해볼 수도 있다. 의류를 예로 들겠다. 예전에는 의

류쇼핑몰을 하려면 동대문, 남대문 의류 시장에 직접 방문하여 발품을 팔아야 했다. 하지만 이제는 어플이나 사이트를 통해서도 의류를 공급받을 수 있게 되었다. 바로 '신상마켓'과 같은 도매 사이트이다. 사업자등록증이 있다면 해당 사이트에 가입이 가능한데 도매가로 제품을 구매해서 소비자가격으로 판매를 진행할 수 있다.

의류 이외에도 '도매꾹'이나 '도매창고' 등 잡화 관련 물품을 취급하는 도매사이트가 있다. 인스타그램 내에서 판매를 진행할 인플루언서를 모집하여 다양한 제품을 공급해주는 '민팅'이나 '핫트' 같은 계정들도 있다. 핫트나 민팅 같은 업체는 촬영용 샘플을 무상으로 제공해주기도 한다.

♡ 총괄판매처 컨택

1인 기업으로 판매를 시작하는 경우 판매량을 보장할 수 없고 판매건수에 대해 택배발송 등의 각종 업무 보조가 들어가야 하기 때문에 대기업은 개인에게 제품을 직접적으로 공급하지 않는 경우도 있다. 이럴 때는 총판(총괄판매처)이라는 유통총괄업체가 기업과 개인판매자 사이에서 유통을 진행하기도 한다. 예를 들어 출판사의 도서를 인스타그램으로 판매 진행하고 싶을 때 출판사가 주문 건을 직접 택배 발송해주는 것이 아니라 총판 업체에서 도서를 발송해주고 정산하는 방식이다. 기업에 연락을 취해서 총판이 있는 경우 안내해달라고 하면 대부분 안내를 해준다.

사업자등록증과
공동 구매 결제 링크 만들기

인스타그램 마켓을 하려면 결제방식에 따라 사업자등록증이 필요하지 않은 경우도 있다. 판매를 위한 물건을 구매하는 사입을 하거나 개인 결제창을 사용하려면 사업자등록증이 필요하다. 물론 세금도 개인이 납부해야 한다. 반대로 공급사에서 주문 결제창을 제공할 경우, 세금을 제하고 수익을 정산받기 때문에 사업자등록증이 필요 없다.

사업자등록증이 필요한 이유는 수익에 따라 세금을 납부해야 하기 때문이다. 또 도매사이트를 이용할 때 사업자등록증이 없다면 가입 자체가 되지 않기 때문에 물건을 공급받을 때도 사업자등록증을 발급받아야 한다. 그런데 만약 내가 회사를 다니고 있어서 사업자등록증을

★ 나는 매일 인스타그램으로 돈 번다

발급받을 수 없거나 공동 구매를 앞으로도 계속할지 확신이 안 선다면 물건을 공급하는 업체의 링크로 판매를 하고, 그들이 세금을 대신 납부해주는 방법도 있다.

♡ 사업자등록증 발급방법

사업자등록증은 납세에 대한 의무를 져야 하는 사업자의 총괄적인 정보를 세무서에 등록하는 과정이다. 이 사업자등록증을 발급받는 첫 번째 방법은 관할 세무서에 방문하여 신청서를 작성하는 것이다. 이 경우 사업자 본인 신분증과 임대차계약서 사본만 가지고 가면 된다. 인스타그램 공동 구매의 장점은 사무실이 따로 필요하지 않다는 점이다. 장소에 구애받지 않고 스마트폰 하나만 있으면 되기 때문에 임대차계약서는 현재 거주하는 집으로 등록해도 무방하다.

우선 사업자등록증을 신청할 때 간이과세자와 일반과세자 중에 하나를 선택해야 한다. 둘의 차이는 세금 비율이다. 간이과세자로 등록하면 세금 혜택을 받을 수 있다. 물론 처음 시작하는 공동 구매이기 때문에 간이 과세자를 선택하면 된다. 21년부터는 연 매출 8,000만 원 미만의 경우 간이과세자로 설정되고 매출이 8,000만 원을 넘으면 자동으로 일반 과세자가 될 수 있다.

두 번째 방법은 국세청 홈택스에서 신청하는 것이다. '국세청 홈택스 홈페이지 ▶ 공인인증서로 로그인 ▶ 신청/제출 ▶ 사업자등록 신청/

정정' 순서로 진행하면 된다.

♡ 통신판매신고와 개인결제링크 만들기

사업자등록증 발급까지 완료했다면 통신판매신고를 할 차례다. 온라인 상거래이기 때문에 통신판매신고를 해야 한다. 이때 필요한 것은 사업자등록증, 쇼핑몰 사이트 주소, 구매 안전서비스 이용 확인증이다.

구매 안전서비스는 소비자 보호에 관한 법률로 구매자에게 금전 또는 물품을 안전하게 거래할 수 있게 만드는 보호 장치다. 그래서 통신판매업자는 거래 안전성을 보증하기 위해 구매 안전서비스 이용 확인증을 발급받아야 한다. 농협, 국민, 기업은행에서 발급 가능하다.

통신판매 신고는 정부 24 홈페이지에서 공인증서 로그인 후 사업자등록증과 구매 안전서비스 이용 확인증을 첨부해야 신고가 가능하다. 관할 구청에 가서 오프라인으로 신고해도 된다. 일반적으로 신고 후 수일 내 통신판매업신고증을 수령하게 된다.

사업자등록증 발급, 통신판매업 신고까지 마쳤다면 이젠 개인결제 링크를 만들 차례다. 앞서 얘기했듯이 거래처에서 개인결제 링크를 제공해주지 않는 경우에는 직접 개인결제 링크를 만들 수 있다. '스룩페이', '블로그페이', '네이버 스마트 스토어' 등 개인결제 링크를 만들 수 있는 사이트를 이용하면 된다. 나는 '스룩페이'를 이용하고 있다. 가입은 무료다. 매출 금액을 정산받으려면 사업자등록증, 통장 사본을 보내 전자계약서를 작성해야 한다. 이때 정산은 스룩페이 사용 수수료와 카드 수수료 등은 제하고 받게 된다. 업체에서 제공해주는 상세 페이지와 가격 등만 입력하면 바로 결제창이 만들어져 간편하게 활용할 수 있다.

♡ 정산 및 배송

판매할 수량을 미리 받아서 직접 택배를 발송하는 방법도 있지만, 인스타그램 공동 구매는 대부분 위탁배송을 이용한다. 홍보를 통해 주문을 받게 되면 그 주문서를 업체에 발송하고 업체에서는 주문서에 기재된 내용대로 제품을 발송해준다. 즉 실물이 내 손을 거치지 않는다는 것이다. 직접 택배를 발송하는 경우는 판매 예상 수량에 도달하지 못했을 때 생기는 재고 부담이 있지만, 위탁배송의 경우에는 판매 건에 대한 수수료만 받을 뿐 택배 발송 등의 부가 업무나 재고 부담이 생기지 않기 때문에 홍보에 좀 더 집중할 수 있는 여건이 마련된다.

업체에서 구매사이트를 제공하는 경우는 사업자등록증이 없어도 판매 가능하며 판매 이후 수수료를 정산받게 된다. 그러나 업체에서 구매사이트를 제공하지 않아 결제창이 필요한 경우에는 사업자등록증은 반드시 필요하다. '스룩페이'나 '블로그페이' 등을 활용하여 개인 결제창을 만들 수도 있는데 이때 정산을 위해서는 사업자등록증이 필요하다. 이때는 공급처에 판매 수량에 대한 공급가를 추후 정산 시 이를 송금하게 된다. 송금할 때 세금계산서를 받아두어 세금을 이중 납부하지 않도록 하자.

미지막으로 사입이 필수인 업체들이 있는데, 이제 막 공동 구매를 시작한 사람들에게는 추천하지 않는다. 초기 자본이 필요하고 리스크도 있기 때문이다. 예를 들어 30개의 물건을 사입하여 물량을 확보했는데 10개만 판매된다면 나머지 20개는 재고로 떠안아야 한다. 만약 사입을 한다면 현금영수증, 세금계산서는 반드시 보관해 세금을 더 내는 일이 없도록 하자.

완판으로 이어지는 판매 전략

♡ 공동 구매 일정 정하기

결제 링크가 준비되었다면 이젠 공동 구매 일정을 정할 차례다. 공동 구매는 보통 지정된 날짜에 진행하는 경우가 많다. 하나의 제품을 1년 내내 판매하는 쇼핑몰 같은 형태가 아니라 대략 3일에서 5일 정도의 단기간으로 진행한다.

누군가는 '오래 진행해야 판매가 많이 되지 않나?'라는 의문을 가질지도 모른다. 하지만 판매량의 증가는 판매하는 기간과 정비례하지 않는다. 오히려 단기간 진행해야 마감 전에 구매해야 한다는 생각으로 집중도 있게 판매할 수 있다. 공동 구매는 시중 판매 가격보다 할인된 가격으로 판매하기 때문에 공급사와 판매자 입장에서도 단기간만 진행해야 피로도를 줄일 수 있다.

나는 보통 일주일에 한 가지 정도의 공동 구매를 진행하는 편이다. 그럼 한 달에 4개 정도 공동 구매를 진행하게 된다. 어떤 마켓은 한 달에 스무 개, 그러니까 하루에 두, 세 개의 제품 공동 구매를 진행하기도 한다. 안 될 것은 없지만, 하루에 2가지 이상의 제품을 판매하면 오히려 한 가지에 집중할 수 없게 된다. 분산된 집중도는 판매량의 감소로 이어질 수도 있기 때문이다. 가능하면 공동 구매를 오픈하는 날이 겹치지 않도록 하자. 'PART 6 인스타그램 200% 활용하기'에서 배울 인사이트를 활용하면 나의 팔로워들이 주로 어느 요일, 어느 시간에 활동하는지를 알 수 있다.

♡ 구매를 부르는 '예고'하기

공동 구매 진행 전에 미리 홍보하는 것과 공동 구매 진행 기간 동안 홍보하는 것 중 무엇이 더 판매율이 높을까? 사람마다 다르겠지만, 오랫동안 공동 구매와 관련 강의들을 진행해온 경험상 공동 구매를 예고하는 게시물을 올렸을 때 판매율이 높은 경우가 많았다.

공동 구매는 예고를 잘해야 한다. 실제로 예고를 하고, 안 하고의 판매량 차이는 크다. 어떤 식으로 예고를 하느냐가 관건이다. 따라서 처음부터 판매할 제품의 모든 정보를 주저리 쓸 필요가 없다. 예고 게시물의 핵심은 최대한 궁금증을 불러일으키는 것이니 말이다.

▲ 이벤트를 활용해 댓글을 달도록 유도한   ▲ 새 게시물을 만들 때 알림 추가를 만들
　 예고 게시물 　 수 있다

　이 게시물은 내가 올린 예고 게시물이다. 해시태그 '#반응보기'를 써서 사람들의 반응을 유도했다. 하트(좋아요)와 댓글을 달면 추첨을 통해서 한 사람에게 퍼즐을 준다고 했다. 그러자 댓글은 무려 382개나 달렸고, 좋아요는 900명에 육박했다. 여기서 주목해야 할 점은 게시물 어디에도 가격이나 구성에 대해 언급하지 않았다는 점이다. 이 게시물을 보고 이벤트와 사진에 관심이 있는 사람들은 제품의 구성이나 가격이 궁금해 댓글을 마구 남기게 된다.

　이렇게 많은 사람이 댓글을 남기면 이벤트에 참여할 사람들은 점점 늘어날 수 있다. 제품과 관련된 댓글이 많으면 이 제품이 유명한 제품, 좋은 제품이라는 인식을 준다. 이후 진행한 공동 구매는 댓글 수에 비해 적은 200개 한정 판매로 진행되었다. 결과는 완판이었다.

이러한 예고 게시물을 올릴 때 알림 추가 버튼을 눌러 공동 구매 시작일을 설정해두면 판매가 시작될 때 신청한 사람들에게 알림이 가게 되어 시작과 동시에 많은 사람들의 초기 반응을 높이고 구매를 유도할 수 있다.

♡ 판매량을 늘리는 공동 구매 오픈 전략

'예고' 게시물만큼 중요한 게 '오픈' 게시물이다. 예고 게시물과 오픈 게시물만 잘 써도 공동 구매를 성공적으로 마칠 수 있다. 사람들의 반응을 유도하고 구매를 촉진하는 오픈 게시물 유형은 크게 두 가지로 나눌 수 있다.

1. 제품이 주인공인 게시물 유형

오픈 게시물의 첫 번째 유형은 제품의 패키지를 잘 보여주는 사진이다. 많은 판매 계정의 피드에서 이런 게시물들을 자주 볼 수 있다. 통상적으로 많은 사람들이 제품을 메인으로 찍어야 판매가 잘 된다고 생각한다. 물론 제품을 메인으로 해서 잘 찍는 것은 중요하다. 하지만 제품 사진을 얼마나 잘 찍느냐가 판매량을 가르는 절대적인 기준이 아니다. 이런 사진에는 장단점이 존재한다.

제품을 메인으로 한 사진의 단점은 자칫 홍보성이 짙은 사진으로 보인다는 점이다. 만약 다른 사람이 나의 프로필 메인 화면을 보는데 게시물 피드에 계정주에 대한 정보는 없고 제품 사진만 나열되어 있다면 오히려 언팔을 할 수도 있다. 두 번째 유형에서 얘기하겠지만 계정 주 본인의 스토리가 없이 매번 홍보성 짙은 게시물만 올라오면 그 계정을 선뜻 신뢰하기가 어렵다. 나도 공동 구매를 막 시작했을 때 제품 사진만 게시물로 업로드했었다. 예쁜 사진을 위해 다양한 방법으로 시도했던 기억이 있다. 하지만 예쁜 사진을 위해 들였던 정성만큼 좋아요, 댓글 수는 많지 않았다. 오히려 팔로워들의 언팔만 불러오는 꼴이 되었다.

▲ 제품 사진이 메인인 오픈 게시물　　　▲ 제품 후기를 활용한 게시물

그럼에도 불구하고 제품만 있는 사진의 장점 때문에 공동 구매를 시작하거나 진행할 때 이를 적절히 활용할 필요가 있다. 제품만 있는 사진을 활용하는 경우는 공동 구매의 시작을 알릴 수 있는 가장 직관적인 방법이다. 특히 끈끈한 관계의 팔로워나 고객이 있다면 그 효과는 높을 것이다. 그럼 언제 제품이 메인인 사진을 사용해야 할까?

첫 번째, 이미 인스타그램에서 인지도가 있는 제품일 경우 사용한다. 예를 들어, 인스타그램에서 후기가 많은 제품이거나 브랜드가 잘 알려진 제품이면 사용한다. 제품 사진을 얼핏 봐도 어떤 제품이고 브랜드인지 알 수 있으므로 사용하기 좋다.

두 번째, 팔로워들이 구매를 기다린 제품이면 제품 사진을 메인으로 해도 된다. 이미 구매할 고객이 확보되었다면 어떤 사진을 사용해도 무방하지만, 그중 직관적인 사진이 가장 효과적이다. 이때 선착순 후기 이벤트 같은 콘텐트로 댓글을 유도하면 고객들의 구매를 촉진시킬 수도 있다. 마찬가지로 제품 사진만 올리는 게 아니라 그동안에 모였던 후기 사진들까지 함께 올리면 따로 제품 설명을 하지 않아도 사람들의 관심을 불러일으킬 수 있다.

2. 판매자가 주인공인 게시물 유형

오픈 게시물의 두 번째 유형은 판매자가 주인공인 사진이다. 이런

▲ 판매자가 주인공인 게시물

유형의 게시물은 제품이 전면에 나서지 않고 제품을 사용하거나 들고 있는 판매자가 주인공인 경우가 많다. 물론 판매자가 주인공인 사진을 보면 어떤 제품인지 직관적으로 파악되지 않는다. 그러나 구매자이자 판매자인 계정주의 모습이 전면에 등장했기 때문에 사람들에게 좀 더 신뢰감을 줄 수 있다.

판매자가 주인공인 게시물도 제품이 주인공인 게시물처럼 궁금증을 주고 질문을 유도한다는 점에서 비슷하지만, 판매자가 직접 제품의 모델이 되면서 좀 더 신뢰도를 높일 수 있다. 판매를 진행하다보면 "산타맘도 먹어요? 실제로 사용해요?"라는 질문을 받는다. 판매자가 주인공인 사진은 그러한 질문들에 대한 답이 될 수 있다. 사실 판매자가 주인공인 게시물 전략의 핵심은 사진보다 글에 있다. 내가 그 제품을 사용했을 때 느꼈던 부분을 적어야 판매자와 제품에 대한 신뢰가 생기기 때문이다. 일반적으로 공동 구매는 실제로 사용한 후 제품이 만족스러워서 추천하는 것이기 때문에 댓글이 많을수록 제품에 대한 신뢰도도 높아질 수 있다.

♡ 공동 구매 게시물은 하루에 몇 개를 올려야 할까?

공동 구매를 진행하는 기간에 관련 게시물을 몇 번 올려야 할지에 대한 질문을 종종 받는다. 공동 구매는 노출 싸움이다. 얼마나 많이 노출되느냐에 따라 판매량이 달라질 수 있다. 그러니 게시물을 하나 쓰는 것보다 2, 3개 쓰는 게 좋다. 하루에 10개 이상씩 올리는 인플루언서도 있는데 진성 팔로워, 진성 고객이 탄탄한 게 아니라면 너무 잦은 공동 구매 게시물 업로드는 추천하지 않는다.

글도 여러 번 써봐야 실력이 쌓이고 노하우가 생기는 것처럼, 공동 구매 홍보 게시물도 많이 써봐야 실력도 쌓이고 노하우도 생긴다.

공동 구매에서 마음을
사로잡는 표현의 기술

♡ 소비자가 되어라

어느 샤워기 필터 광고에서 자신들의 제품이 활성탄소 필터를 쓰고 00 인증을 받고, 음이온이 30만$_{(ions/cc)}$ 만들어진다는 내용으로 홍보했다고 하자. 뭔가 그럴듯한 말처럼 느껴지지만 해당 제품 분야에 전문가가 아닌 사람들은 이것이 의미하는 바가 피부로 와닿지 않는다. 실제로 많은 광고에서 위와 같은 그럴듯한 정보들만을 나열한다. 하지만 고객들은 그 다음을 원한다. 그 제품의 정보 나열만으로 광고가 끝나는 게 아니라, 그래서 자신에게 무슨 이익이 있는지를 궁금해한다. 그 궁금증을 해소해주는 홍보가 고객에게 설득력을 줘 고객의 구매를 유도한다. 물건을 판매하는 공동 구매도 마찬가지다. 내가 판매하는 제품이 당신들에게 어떤 이익이 되는지를 언급해야 한다.

수정 전)

이 필터는 활성탄소 필터를 쓰고, 00 인증을 받고 음이온을 30만(ions/cc)이나 발생시켜서 매우 우수한 제품입니다.

수정 후)

제가 이 제품을 3개월간 사용하였는데요. 필터로 걸러진 색깔을 보니 누렇게 변해있었어요. 이 이물질이 피부에 닿았다고 생각하면 어땠을까 싶더라고요. 제가 피부가 예민한 편인데 이 샤워 필터를 쓰고 나서 피부 트러블이 적어지고, 교체 기간도 길어서 경제적으로도 도움이 되었어요.

어떠한가? 고객 입장에서 읽었을 때 수정 후의 글이 이미지가 쉽게 연상된다. 아마도 피부가 예민한 사람이나 경제적인 샤워필터를 찾는 사람은 수정 전보다 수정 후의 글을 선택할 것이다. 이처럼 글을 쓸 때는 수정 전처럼 판매자 입장에서 스펙을 나열하는 것이 아닌 수정 후처럼 소비자 입장에서 소비자가 얻을 수 있는 직접적인 이득을 언급해야 한다.

♡ 고객의 고민거리를 해소시켜라

고객은 구매 버튼을 누르기 전에 다른 곳이 더 싸지 않을까? 이 제품이 꼭 필요할까? 나한테 무슨 이득이 될까? 등 자신만의 구매 기준을 세우고 신중하게 고민한다. 만약 다른 곳이 더 싸지 않을까 하는 생각을 하는 사람이 다른 사이트를 검색하기 위해 나의 피드 게시물을 이탈했다면, 그가 나의 피드에서 물건을 구매할 확률은 낮아지리라고 생각한다. 따라서 게시물에는 고민하게 될 요소들을 미리 언급하여 망설임이 생기지 않도록 해야 한다.

가격에 대한 고민을 해소하는 표현

가격을 망설이는 고객들을 대상으로 시장조사를 했을 때 가격 경쟁력에 대해 설명할 수 있다.

해당 제품을 여러분에게 소개하기 전에 A, B, C의 가격과 기능에 대해 알아보았는데요.

A는 가격에 비해 기능이 저조했고, B는 기능은 좋지만 오히려 가정에서 사용하기에는 기능이 과한 측면이 있고, 가격은 너무 비싸서 가성비 측면에서 떨어지더라구요.

하지만 제가 소개할 C 제품은 가정에서 필요한 기능들만 적절하게 갖췄고, 가격도 적당해 가성비를 확실하게 잡았다는 생각이 들었어요.

실제로 제가 사용해보니 너무 만족스러웠어요.

이렇게 표현하면 여러분의 마음 속에 '다른 비슷한 제품을 검색해봐야겠네' 하는 생각을 주는 대신, '아, 이 판매자는 사전에 많은 조사를 했구나, 굳이 딴 데를 알아볼 필요가 없겠어.' 같은 신뢰를 주게 된다. 그리고 그 신뢰는 구매 전환으로 이어질 수 있다.

기호에 대한 고민

제품에 대한 게시물의 표현은 기호라는 측면에서 망설이는 고객들을 대상으로 할 수도 있다. 어떤 제품이라도 모든 사람을 100% 만족시킬 수는 없는 노릇이다. 사람마다 기호가 다르기 때문이다. 입맛도 다르고 좋아하는 취향도 제각각이다. 따라서 마케터가 해야 할 일은 모든 사람들을 '전부', '완벽하게' 만족시키는 게 아니라 '최대한' 만족시키는 것이다. 그러기 위해서는 우선 정직해야 한다.

예를 들어 '우리 아이가 입맛이 까다로운데 먹을까?', '저 옷이 내 몸에 잘 맞을까?' 같은 사람에게는 어떻게 접근해야 할까?'라는 생각을 하는 고객들에게 "무조건 맛있어요.", "무조건 예쁠 거예요"라고 말해주면 가식적으로 느껴질 것이다.

단맛을 좋아하는 첫 아이는 이런 반응이었고 신맛을 싫어하는 둘째는 이런 반응이에요.
50kg인 사람이 입었을 땐 알맞은 사이즈지만, 60kg인 사람이 입었을 때는 살짝 조임이 있을 수 있어요. 그 점 감안해주세요.

이렇게 표현한다면 구매로 이어져 불만족 사항이 생기더라도 고객의 문의에 대해 상세하게 답변을 했기 때문에 강한 불만은 나오지 않을 가능성이 높고, 구매하지 않더라도 판매자의 솔직한 답변에 신뢰를 가질 수도 있다. 장기적으로 보면 당장 실 구매자는 아니지만 잠재적인 고객을 확보하는 기회가 된다.

♡ 고객과 함께 판매해라

판매 진행 시 고객들과 함께한다는 느낌을 주어야 한다. 일방적으로 제품, 프로모션에 대해 설명만 하지 않고 DM이나 댓글의 질문에 상세히 답하며 활발히 소통하면 고객도 제품에 더 많은 관심을 갖게 된다.

▲ 고객의 후기를 활용한 게시물　　　▲ Q&A 게시물

그러면 고객의 관심은 인증샷, 댓글, 좋아요 등으로 이어져 그들의 팔로워에게도 해당 게시물이 노출될 수 있는 가능성이 높아진다.

또한, 고객이 제품에 대한 후기를 보내주면 즉시 전체 공개를 하는 것이 좋다. 여기에 그들에게 공개 감사까지 한다면 다음에도 고객이 후기를 남기거나 판매가 진행될 때 그들의 반응을 쉽게 이끌어낼 수도 있다. 댓글에 남겨진 가벼운 후기들까지도 잘 보관해서 다음 판매 시에 노출해보자.

▲ 품절 마케팅 활용 게시물

공동 구매를 시작하면 많은 문의가 올 텐데, 전체 게시물로 Q&A 게시물을 올리면 업무의 효율성도 좋아지고, 고객의 만족도도 올라간다. 사람들의 질문 중에는 비슷한 질문들이 많은데 이 질문들을 리스트로 만들어 그에 대한 답과 함께 공지하면 의문점을 단번에 해소할 수 있다. 하이라이트를 활용하는 것도 질문에 답하는 유용한 방법이다. 댓글이든 DM 이든 본문에서 충족시켜 주지 못한 질문에 추가로 빠르게 대응할 수 있는 문의창구를 열어두자.

♡ 품절 마케팅을 활용하라

판매 종료 시점이 다가오거나 준비한 재고가 소진되고 서버가 막힌 비상 사태 때는 미리 공지해야 한다. 어느 쇼핑몰이든 준비한 재고가 소진되는 경우는 단순히 수요를 예측하지 못한 것 같지만, 이는 사실 품절 마케팅이라는 마케팅 기법이다. 유명 쇼핑몰에서는 의도적으로 예상 판매 수량에 비해 실판매 수량을 적게 제작한다. 재고가 적으면 금방 품절되기 때문에 고객들은 다음 판매까지 기다려야 한다. 이때 빠른 재고 소진으로 제품을 사지 못한 고객은 다음에 꼭 사고야 말겠다는 마음을 가질 수 있다.

♡ 너무 많은 결정권은 독이다

고객들에게 너무 많은 선택권을 주어서는 안 된다. 선택 장애라는 말이 있다. 짬뽕이냐 짜장면이냐, 물냉면이냐 비빔냉면이냐처럼 사람들은 식당의 메뉴판을 보면 한참을 고민한다. 인스타그램도 마찬가지다. 선택권이 있다면 각 옵션을 따져가며 제품을 신중히 고른다. 그러나 선택권이 4개 이상을 넘어가면 선택을 망설이다 이탈할 가능성이 높아진다. 판매할 제품의 옵션이 다양하다면 우선은 옵션을 줄일 수 있는지를 검토해보자. 만약 그럴 수 없다면 특별한 시그니처 제품 옵션을 따로 만들어 그 구성을 특히 추천하는 것도 좋은 방법이다.

♡ 센스있는 표현력을 길러라

센스있는 해시태그를 이용하여 구매 전환을 유도할 수 있다. #미친특가 #주문폭주 #착한가격 #고민은배송을늦출뿐 #저장각 #한정판매 #정신바짝 등의 해시태그를 사용하면 파란색으로 표기되어 강조되는 역할을 한다.

언어유희 해시태그를 사용하면 신선하고 재미도 있다. '띵언'이라는 말을 들어본 적이 있는가? 이른바 '야민정음'이다. 인터넷사이트 디시인사이드의 '야구갤러리'에서 이런 식의 언어유희가 시작됐는데 '야구갤러리'와 '훈민정음'의 합성어다. 시각적인 특성을 이용해서 언어 체계의 전통성이나 맞춤법보다는 인지도와 재미를 높이기 위해 모양이 비슷한 글자들끼리 서로 바꿔 쓰는 것이다. 가장 흔히 사용되는 말은 '댕댕이(멍멍이)', '띵언(명언)', '띵곡(명곡)' 등이 있다. 유명 브랜드나 쇼핑몰에서도 어떤 이벤트를 할 때 일명 '야민정음'을 활용한 마케팅을 했다. 언어유희를 활용한 해시태그는 사람들에게 각인되기 쉽지만 잦은 사용은 신뢰도를 낮출 수 있으니 상황에 따라 적절하게 사용하자.

♡ 제품의 상세 정보를 활용하라

타사 제품과 상세히 비교해봤을 때 어떤 차별점이 있는지 고객들에게 알려주자. A라는 제품이 B라는 제품에 비해 00 성분이 더 많이 들어갔다든지, 유해 성분이 적다든지, 디자인은 같지만 구성품의 품질이 다르다든지 같은 객관적인 정보를 가지고 고객을 설득할 수 있어야 한다.

한 수강생의 사례를 보자. A씨는 김치를 홍보하려고 했다. 좋은 국내산 재료를 사용하여 첨가물 없이 정성으로 담근 김치라는 것을 어필하기로 하였다. 재료가 국내산이었기 때문에 시중에 판매되는 제품보다 가격이 다소 높았지만 위생적이고 맛도 좋았다. 그러나 그 가치를 고객에게 어필하는 과정에서 맛에 대한 부분만을 어필했더니 판매량이 저조했다.

하지만 컨설팅을 통해 비슷한 가격대의 타사 제품과 내용물이나 원산지 등을 비교한 사진, 제조 공정의 깨끗한 위생 상태 같은 과정을 표현하였고, 뚜렷한 차이점과 재료에 대한 신뢰를 주기 시작하자 판매량이 상승하였다.

결국 고객을 설득하기 위해서는 제품에 대해 공부해야 한다. 제품 공부를 하면 자신이 판매하는 제품에 확신을 가질 수 있고, 판매에도 자신감이 생긴다. 그리고 제품에 대한 확신과 자신감은 성공적인 판매에 도움이 된다.

페이지 마케팅 활용

매출 = 유입 × 전환율 × 객단가

유입: 노출. 인사이트에서 표시되는 도달한 계정 수

전환율: 유입된 인원 중에 얼마큼이 구매를 결정했는지에 대한 비율

객단가: 고객 1인당 구매 금액

매출의 상승을 결정하는 요소는 유입, 전환율, 객단가, 재구매로 모두 4가지다. 이 중 한 가지의 수치만 증가해도 매출이 상승할 수 있다. 특히 유입, 전환율, 객단가 세 가지 요소가 균형 있게 증가한다면 매출은 폭발적으로 상승할 수 있다.

예를 들어 천 명의 고객이 유입하여 이 중 1%가 구매를 하였고 이들

이 구매하는 객단가가 2만 원이라면 1,000×0.01×20,000=20만 원의 매출을 만들 수 있다. 각 요소를 2배씩 늘려 2천 명의 고객이 유입하게 하고 구매전환율 2%, 객단가 4만 원이 된다면 매출은 무려 8배로 올라 2,000×0.02×40,000=160만 원을 기록하게 된다.

♡ 유입 늘리기

유입은 인사이트에서 볼 수 있는 도달한 계정 수와 같이 내 계정이나 게시물을 보는 사람의 수, 즉 노출을 의미한다. 전환율이나 객단가가 같을 때 유입이 2배로 증가한다면 매출도 당연히 2배로 증가하게 될 것이다. 마케팅으로 매출을 증가시키고자 할 때는 유입, 즉 노출을 적극적으로 해야 한다. 노출이 많이 된다고 해서 모두 구매로 전환되는 것은 아니지만 노출이 많을수록 잠재적 고객은 늘어난다. 열 명에게 노출된 게시물과 백 명에게 노출된 게시물만 비교해도 그 차이는 분명하다.

유입을 늘리기 위해서 할 수 있는 방법에는 크게 3가지가 있다.

판매 기간 동안 관련 게시물을 자주 업로드한다

정해진 수가 있는 것은 아니다. 하루 1번 게시물을 올리는 계정부터 30분 단위로 게시글을 올리는 계정까지 다양하다. 분명한 것은 자주 게시물을 올릴수록 많은 인원에게 노출된다는 것이다. 공동 구매 기간에는 지속적인 마케팅을 해야 한다. 예고, 오픈, 공동 구매 진행 중 홍보, 주문 상황, 마감 공지 등 하루 최소 2, 3개 이상의 게시물을 업로 드해야 한다. 하루에 너무 많은 게시물을 올리면 어떤 사람들은 피로 도를 느껴 언팔을 하기도 한다. 그런 점을 유의해서 게시물을 상투적 으로 업로드하지 않도록 하자.

유료 광고를 이용한다

유료 광고를 활용하는 방법에는 인스타그램 광고와 페이스북 광고 가 있다. 둘 다 광고 게시물 'sponsored'가 표시된 상태로 4, 5개의 일반 콘텐트와 함께 노출된다. 일반 콘텐트와 섞여 자연스레 노출되기 때문 에 유입률이 올라갈 수 있다.

인스타그램 광고나 페이스북 광고는 오프라인 광고를 하는 것보다 가성비가 높다. 먼저 데이터를 보면 3만 원을 투자해서 1,870명에게 노출되었다는 것을 볼 수 있는데 투자 대비 매우 효율적인 광고 방법 이다. 글자가 많거나 화질이 떨어진 이미지, 선정적인 이미지나 내용, 광고와 관련 없는 해시태그를 사용할 경우 광고 승인 거부가 될 수 있 으니 주의하자.

인스타그램 광고

비즈니스 계정으로 전환하게 되면 인스타그램 게시물 하단에 '게시 물 홍보하기' 버튼이 생성된다. 이때 이 홍보하기 버튼을 선택하면 각 게시물을 광고할 수 있다.

1. 목표 선택: 클릭하는 사람이 어디로(프로필방문, 웹사이트, 메시지 더 보기)
유입되길 원하는지 선택한다.

2. 타겟 설정: 타겟 명칭, 위치, 관심사, 연령과 성별을 선택한다.

▲ 인스타그램 광고 1단계 목표 선택

▲ 인스타그램 광고 2단계 타겟 설정

3. 예산 및 기간: 예산과 기간을 선택한다.

4. 광고 검토: 결제수단을 선택하고 홍보하기를 누른다.

▲ 인스타그램 광고 3단계 예산 및 기간 ▲ 인스타그램 광고 4단계 광고 검토

페이스북 광고

▲ 페이스북과 페이스북 광고 어플

페이스북 광고는 인스타그램과 달리 핵심 타깃, 맞춤 타깃, 유사 타깃 등을 세분화할 수 있다는 장점이 있다. 타깃이 세분화된 만큼 타겟 맞춤형 광고를 진행하기가 용이하다. 플레이 스토어에서 facebook 광고 어플을 다운로드하여 진행할 수도 있다.

1. 마케팅 목표 설정: 게시물 참여, 동영상 조회, 웹사이트 트래픽 등 구체적인 목표를 설정할 수 있다.

2. 타겟: 위치, 관심사, 연령, 성별등을 선택한다.

3. 예산 및 일정: 예산과 홍보 일정을 선택한다.

▲ 페이스북 광고 1단계 마케팅 목표   ▲ 페이스북 광고 2단계 타겟   ▲ 페이스북 광고 3단계 예산과 일정
    설정

채널 확장하기

홍보 채널을 확장하여 유튜브나 블로그를 만들고 각각 구매 페이지와 설명을 추가하면 인스타그램 계정으로 유입 경로가 다양해져 그만큼 유입 수가 늘어날 수 있다. 또 블로그는 한 페이지에 자세한 설명을 놓을 수 있어 제품 설명 시 유용하다. 카페를 통해 고객들이 서로 소통

▲ 블로그 - 유튜브- SNS 마케팅 산
타맘TV

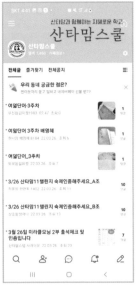

▲ 카페-산타맘스쿨

▲ 블로그 - santamom

▲ 틱톡 santamom_tiktok

★ 나는 매일 인스타그램으로 돈 번다

하고 정보 공유하는 커뮤니티를 만들 수 있으며 인스타그램에 업로드하는 릴스 영상을 틱톡에도 업로드할 수도 있다. 또한, 채널마다 사용하는 연령대나 관심사가 조금씩 다르겠지만 여러 매체를 통해 노출되면 팔로워도 늘어날 수 있다. 팔로워가 증가한 만큼 판매 대상의 폭도 넓어진다. 그 외에도 오픈톡, 네이버 스토어 등을 활용하여 홍보 및 유입 채널을 확장할 수 있다.

♡ 전환율 높이기

전환율이란 유입된 인원 중에 얼마큼이 구매를 결정했는지에 대한 비율을 의미한다. 유입은 광고나 투자를 통해 늘릴 수 있지만 결국 구매를 선택하는 것은 고객이다. 구매로의 전환율을 높일 수 있는 방법을 알아보자.

팔로워와의 소통은 필수

인스타그램의 가장 기본적인 기능인 좋아요, 댓글, DM은 전환율을 높이는 가장 확실한 방법이기도 하다. 기존 팔로워들은 이미 내 계정에 호감을 가지고 소통하려는 사람들이다. 그런 의미에서 아직 팔로워를 맺지 않거나 이제 막 팔로워를 맺은 사람들보다 내 계정에 신뢰를 가지고 있는 기존 팔로워야말로 구매 전환을 일으키는 사람들이다. 그래서 기존 팔로워와는 끈끈한 연결고리를 만드는 것이 중요하다. 실제로 #산타맘11 챌린지 #산타맘 스파르타반 등으로 맺어진 인연들은 서로 긴밀히 소통하는 사이가 되었다. 이로 인해 수강생들이 공동 구매를 시작할 때 자진해서 서로 필요한 물건을 구매하기도 하고 후기를 적극적으로 남겨준다. 팔로워의 구매와 후기는 신규 팔로워의 유입과 구매 전환율 상승에 긍정적으로 작용한다. 적극적이고 활발하게 자신의 팔로워와 댓글과 좋아요 등으로 소통하고 있는 계정들과 소통하라. 그들의 긍정적인 댓글 하나가 다른 사람의 구매로 이어질 수 있다.

이벤트를 진행한다

일반 게시물보다 이벤트를 하는 게시물의 반응이 높다. 반응이 높은 이벤트 게시물이 더 많은 사람들에게 노출되면 사람들은 그만큼 관심을 가지고 게시물을 보게 된다. 사람들은 대게 단순 홍보 글에 적극적으로 댓글이나 좋아요를 남기지 않는다. 하지만 홍보 게시물이라도 이벤트가 있는 게시물이라면 댓글, 좋아요가 수월하게 늘어날 수 있다.

이벤트를 진행할 때는 아래의 사항을 고려하자.

• 이벤트 제목: 나만의 창의적인 이벤트 제목을 짓자. 그 예로는 연말 맞이 나눔 이벤트, 고객 감사 이벤트, 빼빼로데이 사랑 드림 이벤트 등이 있다.
• 이벤트의 목적: 이벤트의 목적에 맞는 이벤트를 기획하자. 팔로워 유입이 목적이라면 친구 소환이나 리그램 이벤트를 기획하고 기존 팔로워의 참여율을 높이고 싶다면 간단한 댓글 이벤트를 기획해 볼 수 있다.

• 이벤트 정보: 대상, 기간, 당첨자 발표 일자, 선정 기준 등 이벤트에 관한 정보를 명확히 명시하자.

• 이벤트 예산: 이벤트를 너무 남발하게 되면 수익보다 홍보비가 많이 발생하므로 미리 예산을 책정하여 신중하게 진행하는 것이 좋다. 이때 이벤트 선물은 판매하거나 홍보하는 제품으로 선택하자. 당첨된 고객들에게 적극적인 후기를 받을 수도 있고, 그들이 만족한다면 다음 공동 구매 진행 시 구매 전환이 될 수 있다.

기존 고객의 재구매를 유발한다

마케팅을 하는 많은 사업자들은 신규 고객 유치에 시간과 돈의 투자를 적극적으로 한다. 하지만 정작 매출은 신규 고객보다 기존 고객에게서 더 높은 매출을 기록한다. 이는 신규 고객이 기존 고객보다 구매 전환으로의 장벽이 높은 반면, 투자 대비 성과는 오히려 기존 고객이 높다는 얘기다. 신규고객 1명을 유치하기 위한 광고보다 기존 구매 고객들을 위한 이벤트 보상을 하는 것이 공동 구매 계정의 토대를 더 탄탄하게 하는 지름길일 수 있다. 탄탄한 팔로워는 공동 구매 계정을 성장시키는 큰 원동력이 된다. 그렇기에 기존 고객들에게 어떤 만족을 줄 수 있을지 고민해야 한다.

• 감사 메시지를 전하기

구매를 한 사람들에게 인스타그램 DM, 문자를 보내자. 별거 아닌

듯 보여도 가벼운 감사 메시지는 고객 스스로가 특별한 구매자란 걸 느끼게 한다.

• 적립금 제도를 활용하기

포인트로 적립이나 구매 금액대별 등급제를 적용한 혜택을 만들자. 포인트 사용이나 혜택을 받기 위해 포인트를 지급해주었던 계정을 특정 판매처를 재방문하게 할 수 있다. 나는 도서를 판매할 당시에 고객들의 독후 활동을 장려하기 위해서 산타맘스쿨 카페 인증을 통해 고객들이 독후 활동을 할 때마다 포인트를 적립해주었다. 매일같이 개별로 체크하여 포인트를 지급했고 다음 도서를 구매할 때 적립한 포인트만큼 할인을 하거나 사은품으로 선물을 주었다.

• 커뮤니티를 만들기

카카오플러스나 오픈톡, 카페를 이용하여 고객의 소속감을 높이자. 나는 공동 구매 문의나 알람을 해주는 카카오플러스, 수강생들 간 소통 커뮤니티 오픈 카톡방과 카페를 운영 중이다. 이런 커뮤니티를 운영하면 자동으로 팔로워들 간의 교류가 활발해진다. 여기서 중요한 핵심은 내가 만든 커뮤니티(산타맘)가 그들 관계의 중심이라는 것이다. 고객도 마찬가지다. 내가 모든 고객을 관리할 수는 없다. 하지만 고객들끼리 정보를 주고받으며 소통하는 커뮤니티를 만들면 관리와 교류가 맞물려 선순환이 일어난다.

- 카카오톡 오픈톡: 개인정보를 최소화하고 단체 소통이 필요한 경우 추천한다. 오픈톡은 톡을 개설한 방장이 알람 공지가 자동으로 올라오도록 시간을 예약할 수 있고, 강제 퇴장을 시킬 수도 있다. 또한, 사람들은 개인정보의 노출 없이 참여할 수 있다.
- 카카오플러스: 개인정보 노출 없이 구매나 배송 문의를 할 때 사용할 수 있다. 계정의 카카오플러스를 추가한 사람들에게는 공지사항을 알람처럼 전달할 수 있고 상담 운영 시간이 아닐 때도 알람을 보낼 수 있다.
- 네이버 톡톡 파트너: 서로의 개인정보 오픈 없이 개인 문의를 접수받을 때 사용할 수 있다.
- 네이버 카페: 고객들이 직접 활동하고 다른 고객들과 정보를 교환할 수 있다.

♡ 객단가 높이기

객단가를 높여야 한다. 객단가라 하면 고객 1인당 구매 금액을 말하며 매출은 이 객단가와 구매 인원에 비례한다. 객단가를 높이는 방법을 알아보자.

- 첫째, 가격대가 높은 제품을 판매한다. 100만 원의 매출을 내기 위해 1만 원짜리 100개를 판매하는 방법이 있고 100만 원짜리 제품을 1개 판매할 수도 있다. 그러나 고객이 거의 없고 신뢰가 쌓이지 않은 상태라면 고액의 제품을 온라인으로 판매하는 것은 어렵다. 처음에는 낮은 단가의 제품을 다량 판매하는 것을 목표로 두자. 점점 팔로워가 늘

어나 고객이 확보되면 서서히 가격대가 높은 제품을 시도해보자.

· 둘째, 무료 배송을 활용한다. 배송비 3,000원을 지불하기 싫어 추가로 다른 제품을 구매해 배송비를 절약한 적이 있을 것이다. 추가로 선택한 제품이 배송비보다 더 많은 금액을 소비하는 것일지라도, 배송비는 교환하는 가치가 아니라 그저 소비되는 금액으로 느껴진다. 이러한 구매자의 심리를 활용하여 무료배송비 옵션을 설정할 수 있다. 특히 2개부터 무료 배송 옵션을 적용하면 1개 구매 건보다 2개 이상 구매 건이 증가하게 된다. 1인당 구매 금액이 높을수록 당연히 주문 건당 객단가도 높아진다.

▲ 객단가를 높이기 위해 제품을 패키지로 판매했다

· 셋째, 판매 제품과 관련 있는 제품들을 패키지처럼 추가 옵션으로 묶는다. 하나를 구매하면 자동으로 구매해야 할 것들이 있다. 책상을 구매하면 의자를 구매해야 하고 칼을 구매하면 칼 보관함을 구매해야 하는 것처럼 말이다. 그러나 너무 많은 옵션은 선택을 망설여지게 할 수 있으므로 3개 이하의 관련 상품을 추가 옵션을 구성해보자. 추가 옵션은 가격이 낮을수록 선택률이 높아지기도 한다.

★ 나는 매일 인스타그램으로 돈 번다

Santamom_insta
181._queen_.181 · 원본 오디오   • • •

♡   ○   ◁   • • • •   🔖

좋아요 35,000개
Santamom_insta   #월 매출 1억! 산타맘의 인스타그램 비밀과외
댓글 2,300개 모두 보기
6일 전

PART 6

인스타그램 200% 활용하기

Santamom_insta
181._queen_.181 · 원본 오디오

• • •

좋아요 35,000개
Santamom_insta #월 매출 1억! 산타맘의 인스타그램 비밀과외
댓글 2,300개 모두 보기
6일 전

┌───┐
│ ⊞ ⌕ ◹ ◌ ◲ ⌂ ♡   │
│   │
│   # 인사이트 활용하기   │
│   │
└───┘

♡ 인사이트로 보는 나의 게시물

계정의 방향성은 객관적인 지표를 통해 꾸준히 분석해야 잡을 수 있는데 이때 활용할 수 있는 것이 A/B 테스트다. A/B 테스트의 객관성을 위해 인사이트를 활용할 수 있다. 인사이트는 한 마디로 내 게시물의 성적표라고 할 수 있다. 인스타그램의 인사이트는 게시물별, 계정별 반응을 구체적인 지표로 볼 수 있는 기능으로 비즈니스 계정에서만 사용할 수 있다. 특히 일반 계정에서 비즈니스 계정으로 전환을 하면 수 시간 후 계정과 게시물에 관한 지표들을 확인할 수 있다. 타인이 볼 수 있는 정보는 내 게시물의 좋아요, 댓글 수뿐이지만, 계정주 본인은 인사이트를 이용해 공유 수, 저장 수 등 계정과 게시물에 대한 타인의 반응

▲ 이미지 편집 게시물   ▲ 실사 촬영 게시물

을 구체적인 수치로 볼 수 있다.

　위의 이미지는 둘 다 미술 클래스 모집 공고이다. 왼쪽은 커리큘럼을 이미지를 편집하여 업로드하였고 오른쪽은 아이가 활동하는 실제 모습을 실사로 촬영하여 올렸다. 그 결과 오른쪽이 최근에 올린 게시물인데도 좋아요, 댓글 반응이 더 높다. 즉, 이미지를 편집한 게시물이 실사 게시물보다 도달 계정 수가 적다는 것을 알 수 있다.

Tip 비즈니스 계정 전환법

프로필 설정에서 계정, 새로운 프로페셔널 계정 추가 버튼을 눌러 차례로 따라가면 비즈니스 계정으로 전환할 수 있다. 특히 인스타그램의 인사이트를 확인하기 위해서는 반드시 비즈니스 계정으로 전환해야 한하는데, 무료로 사용할 수 있지만 팔로워가 100명 이상이 되어야 자세한 데이터를 확인할 수 있다. 비즈니스 계정으로 전환하면 약 12시간 이후에 정확한 데이터를 확인할 수 있다. 비즈니스 계정으로 전환하여 사용하였다가 개인 계정으로 변경하면 기존의 분석 데이터가 삭제되는 점도 유의하자.

다음으로 이전에 올린 게시물마다 있는 '인사이트 보기' 버튼을 눌러 보자. 상단부터 ①은 좋아요, 댓글, 공유, 저장 아이콘과 함께 각각의 수치를 확인 가능한 '콘텐트 활동'이다. 그 아래로 ② 개요, 즉 도달한 계정, 콘텐트 활동, 프로필 활동의 간략한 수치가 나온다. 화면을 더 밑으로 내려보면 ③ 도달(도달한 계정, 팔로워, 팔로워가 아닌 사람) ④ 노출(홈, 탐색탭, 프로필, 기타) ① 콘텐트 활동(좋아요, 댓글, 저장, 공유) ⑤ 프로필 활동(프로필 방문, 웹사이트 누르기, 팔로워)에 대한 세부적인 수치들을 볼 수 있다.

여기서 우리가 중점적으로 봐야 할 수치는 공유, 저장뿐만 아니라 팔로워가 아닌 사람과 팔로워의 유입 수치이다. 도달한 계정에서 팔로워가 아닌 사람의 비율이 높은 것이 의미 있는 이유는 팔로워가 아닌 사람의 비율이 높을수록 해당 게시물이 홈에서뿐만 아니라 인기게시물이나 해시태그, 탐색 탭, 추천게시물 등으로 노출이 잘 되고 있다는 의미이고, 이러한 노출이 많이 될수록 팔로워 유입이 될 가능성이 높기 때문이다.

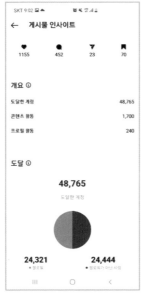

▲ 게시물 인사이트 화면 ① 콘텐트 활동 각 수치별 의미, ② 개요, ③ 도달

▲ 게시물 인사이트 화면 ④ 노출, ⑤ 프로필 활동

① 콘텐트의 각 활동 수치별 의미

좋아요: 이 게시물에 관심이 있는 사람

댓글: 이 게시물에 의견을 남긴 수

공유: 게시물의 링크를 다른 사람에게 전달한 수

저장: 다시 보고자 하여 저장한 수

여기서는 좋아요나 댓글보다 공유, 저장이 좀 더 적극적인 반응이라 할 수 있다. 좋아요나 댓글과 달리 공유와 저장은 타인에게 그 수가 노출되지 않고 자신의 인사이트에서만 확인이 되기 때문이다. 좋아요나 댓글보다 게시물에 대한 적극적인 반응 수치다. 따라서 공유와 저장 수치가 증가하는 콘텐츠는 핵심 콘텐츠로 설정하는 게 좋다. 특히 핵심 콘텐츠인 만큼 꾸준히 업로드해야 한다.

② 개요

개요는 다음으로 나오는 도달한 계정, 콘텐츠 활동, 프로필 활동, 이 세 지표의 총 수치이다.

③ 도달

도달은 한 마디로 '게시물을 본 고유 계정의 수'이다. 중복되지 않는다. 반면 ④ 노출은 계정이 아닌 '게시물의 조회 수'이다. 예를 들어, '도달'은 한 계정이 몇 번을 보든 1로만 집계되지만, 노출은 다섯 번을 보면 5가 집계된다. 도달한 계정 중 팔로워는 몇 명이고, 팔로워가 아닌 사람은 몇 명인지까지 확인 가능하다.

④ 노출

노출은 계정이 아닌 '게시물의 조회 수'이며 홈, 프로필, 해시태그, 탐색 탭, 기타 중 수치가 높은 상위 3가지 수치를 보여준다.
홈: 홈 탭에서 노출된 수

해시태그: 검색 탭에서 노출된 수

탐색 탭: 탐색 탭에서 노출된 된 수

기타: 홈, 해시태그, 프로필을 제외한 다른 경로로 게시물을 본 수

대부분의 게시물이 홈 노출의 수가 가장 높다. 게다가 홈에서 팔로 워의 반응이 높은 경우 인기게시물에 등재되면 해시태그 유입이 늘어 나 추천인의 탐색 탭에도 노출될 수 있다.

⑤ 프로필 활동

프로필 방문: 게시글을 보고 프로필 이름을 클릭한 수

웹사이트 누르기: 링크로 연결된 웹사이트 클릭 수

▲ 릴스 인사이트 화면

♡ 릴스 인사이트

릴스의 인사이트는 도달한 계정, 재생 횟수, 좋아요, 댓글, 공유, 저장으로 나타난 다. 앞서 얘기한 도달과 노출의 차이처럼 도달한 계정은 릴스를 본 계정의 수를 의 미하고 재생횟수는 릴스를 시청한 횟수다. 재생횟수는 릴스를 본 횟수만큼 증가한다. 재생횟수는 도달한 계정의 수보다 높아질 수 있다.

♡ 인사이트 분석표 만들기

해당 인사이트 분석표를 매일 작성해보라. 눈으로 그저 보고 지나치는 것이 아닌 어느 포인트에서 반응을 이끌어낼 수 있는지 확인할 수 있다.

아래 도표는 한 수강생의 실제 사례다. 한 달 동안 '산타맘 스파르타반'을 통해 이 표를 매일 작성했던 이 수강생은 분석표를 통해 정보성 게시물에 사람들의 반응이 좋다는 것을 확인할 수 있었다. 그래서 일상 게시물보다는 정보성 게시물을 좀 더 발전시켜 나갔다. 영상에 글을 넣고 글의 위치도 바꾸어 가면서 인사이트 표를 활용했고, 그 결과 3

	선팔인원	팔로워증가수	팔로워수	게시글성격 (정보, 재미, 공감, 이슈, 브랜딩)	세부내용	좋아요수	댓글수	저장수	팔로워유입	외부노출 (%)
1	16	12	1138	공감	아이랑 일상, 아이 발달 상황	108	65			
2	50	18	1156	정보	카드뉴스, 건강 정보 제공	83	37	3	0	3
3	50	31	1187	정보	워킹맘 육아, 책 육아정보	137	97	1	0	2
4	41	16	1222	정보	카드뉴스, 건강 정보 제공	102	79	3	0	2
5	45	35	1257	정보	주말 아이랑 일상	161	105	5	0	5
6	22	17	1274	공감	육아에서 생기는 일	75	65	0	2	5
7	50	24	1298	정보	카드뉴스,건강 정보 제공	105	72	3	4	2
				...						
21	20	15	1643	정보	요즘 계절 콧물 꿀팁	107	40	8	2	1

▲ 인사이트 분석표 예시

★ 나는 매일 인스타그램으로 돈 번다

개월 만에 팔로워가 1,138명에서 2만 명 이상 증가하게 되었다.

　동일한 조건으로 사람들의 반응을 분석하기 위해서 매 게시물마다 같은 시간에 업로드하고 같은 시간에 결과를 기록하도록 한다. 예를 들면, 오전 10시마다 게시물을 업로드하고 오후 10시에 인사이트를 확인하는 식이다. 가능하면 게시물 작성 후 12시간 정도 지난 후에 인사이트 수치를 기록하기를 추천한다.

　나는 계정 운영 초반에는 얼굴을 노출하지 않고 꽤 오랜 기간 운영을 해왔다. 하지만 인사이트 분석을 통해 내 모습이 노출된 사진이 반응이 좋다는 것을 알게 되었고, 서서히 아이들이나 제품 위주에서 계정주인 나의 모습으로 드러내게 되었다. 산타맘의 모습이 자주 노출되

	선팔인원	팔로워증가수	팔로워수	게시글성격 (정보, 재미, 공감, 이슈, 브랜딩)	세부내용	좋아요수	댓글수	저장수	팔로워유입	외부노출(%)
1	0	0	200	공감	할로윈	301	41	1	0	36
2	30	20	220	정보	아이들과 캠핑	320	65	2	0	26
3	50	30	250	정보	살림 노하우	200	26	5	0	15
4	50	40	290	브랜딩	일하는 모습	400	35	1	0	57
5	45	35	320	정보	주말 아이랑 일상	161	105	5	0	5
6										
7										
8										
9										
10										

▲ 인사이트 분석표 직접 해보기

면서 사람들에 대한 신뢰를 더 쌓을 수 있었다.

♡ 계정 전체 인사이트 보기

그 외에도 인사이트를 통해 확인할 수 있는 지표들이 다양하다. 특히 계정 전체의 인사이트도 확인할 수 있는데 지난 일주일 동안 계정 전체의 도달한 계정, 참여한 계정, 팔로워의 증감을 확인할 수 있다. 도달한 계정을 확인해보면 도달한 계정의 지역, 성별, 팔로워 및 팔로워가 아닌 사람의 비율, 콘텐트 도달 유형, 인기게시물과 인기스토리, 릴스의 조회 수가 나온다.

이를 위해서 먼저 계정의 예상 타깃층으로 설정한 지역, 성별이 이와 일치하고 있는지를 확인해야 한다. 일치하지 않는다면 해시태그를 바르게 쓰고 있는지 점검해야 한다. 예상한 타겟과 다른 결과가 확인된다면 그 요인을 분석해서 다시 타겟층을 설정해볼 수 있다.

만약 콘텐트 도달 유형이나 인기 피드를 분석해서 압도적으로 노출이 잘되고 있는 게시물 유형이 있다면 의도적으로 유사 게시물을 제작해볼 수 있다. 최근에는 릴스의 노출이 매우 잘되고 있기 때문에 릴스를 적극적으로 활용하는 것을 추천한다.

팔로워의 활동 시간도 알 수 있다. 이는 팔로워들의 활동 시간과 요일을 분석하여 되도록 활동량이 많은 시간대에 게시물을 업로드하는 것이 좋다. 활동량이 적은 새벽에 게시물을 올리는 것은 아무도 보고 있지 않은 곳에서 공연을 하는 것과 다름없다. 그러므로 활동량이 적은 시간대에 게시물을 올리는 것은 사람들을 유입시키고 팔로워를 늘리는 데 아무 도움도 되지 않는다.

인스타그램 알고리즘의 비밀

♡ 팔로워 구매해볼까?

팔로워를 구매하려 한다면 추천하지 않는다. 나 역시 팔로워 구매 사이트를 통해 3,000명의 팔로워를 구매해본 적이 있는데 순간적으로 팔로워 수가 급격하게 올라갔다. 하지만 실제로 활동하지 않는 유령 계정으로만 가득 채워졌기 때문에 실제 활동하는 사람들의 좋아요와 댓글 수가 서서히 감소하는 것을 경험했다. 결국, 내가 팔로워 수 대비 몇 %와 적극적으로 소통하고 게시물이 홈에 얼마나 노출이 되느냐가 게시물의 반응에 큰 영향을 끼친다. 그렇기 때문에 팔로워에 허수로 채워져 있는 계정이 있다면 (스팸성 계정 포함) 틈틈히 삭제해서 내 계정에 활동하는 계정으로 최대한 채워가는 것이 진짜 팔로워를 늘리는 지름길이다. 그래야 게시물의 반응도도 서서히 증가한다.

♡ 당신에 대해 많이 알고 있는 인스타그램

인스타그램을 사용하다 보면 관심 있는 주제만 더 많이 보여주는 것 같은 기분이 들 때가 있지 않은가? 혹은 유독 특정 계정들의 게시물만 많이 보는 것 같은 기분이 드는 경험은? 인스타그램은 나보다 내 취향에 대해 많이 알고 있는 것만 같다. 놀랍게도 이것은 느낌이 아니라 사실이다.

인스타그램은 우리가 생각하는 것보다 우리에 대해 훨씬 많이 알고 있다. 심지어 인스타그램이 우리의 취향을 파악하는 방법은 과학적이고 체계적이다.

알고리즘이라는 단어를 많이 들어보았을 것이다. 알고리즘은 문제를 해결하기 위해 명령들로 구성된 일련의 순서화된 절차다. 한마디로 문제 해결을 위한 공식이라고 생각하면 이해하기 쉽다. 인스타그램은 사람이 아니다. 인스타그램은 사용자의 활동을 분석한 데이터로 개인의 취향을 파악한다. 인스타그램의 알고리즘은 사용자가 어떤 게시물에 시간을 소비하고, 좋아요, 댓글, DM, 공유, 저장 등으로 반응하는 모든 활동을 취합하고 분석한다. 즉, 내가 어떤 게시물에 반응하고 얼마나 머무는지까지 파악하여 비슷한 활동을 하는 계정이나 계정 간의 좋아요나 댓글 같은 활동이 많았던 계정을 우선적으로 보여준다. 그리고 이것이 바로 우리의 취향을 분석해서 관련 게시물 위주로 보여주는 인스타그램의 알고리즘이다.

♡ 알고리즘의 존재 이유

이런 알고리즘이 존재하는 이유는 사람들이 자신이 관심 있는 주제에 대한 글을 더 많이 봄으로써 인스타그램에 오랜 시간 체류하게 만들기 위함이다. 조금만 지루해도 앱을 닫아버릴 테니 말이다. 100% 인스타그램 알고리즘 때문이라고 할 수는 없지만, SNS 중독이라는 말이 나올 정도로 사용자가 인스타그램에 소비하는 시간은 점점 늘고 있다. 이러한 현상의 기저에는 인스타그램 알고리즘의 영향도 있을 것이다.

인스타그램 사용자는 이런 알고리즘을 활용하여 계정을 성장시켜야 한다. 인스타그램 알고리즘을 활용하면 더 많은 사람들에게 게시물이 노출되고 팔로워도 자연스럽게 늘게 된다.

♡ 알고리즘을 내 편으로 만들기

어떻게 하면 인스타그램 알고리즘을 내 편으로 만들 수 있을까?

• 도달되는 사람들에게 긍정적인 반응을 이끌어내야 한다. 게시물을 올린 직후 빠르게 소통을 시작해야 한다. 많은 사용자에게 퍼져나가는 게시물이 되기를 바란다면 우선은 팔로워의 활동을 유도하는 것이 가

장 기본 중에 기본이다. 팔로워가 내 게시물에 좋아요를 누르거나 댓글을 쓰도록 유도해야 한다. 먼저 팔로워의 게시물에 댓글을 남기거나 좋아요를 눌러도 좋다.

내 게시물을 가장 먼저 보게 되는 유저는 누구인가? 바로 기존 팔로워다. 팔로워들은 나의 게시물이 업로드되면 그들의 홈 탭에서 게시물을 볼 수 있다. 하지만 홈 탭에 노출되는 게시물조차도 최신 게시물 순으로 보이는 것이 아니다. 수많은 게시물 중에 나의 관심사와 관련성이 높고 서로 간의 활동이 많은 계정의 게시물부터 노출된다.

가장 소통이 원활했던 팔로워로부터 좋아요, 댓글, 저장, 공유를 유도해야 한다. 만약 나의 게시물이 팔로워로부터 긍정적인 반응을 이끌어냈다면, 그 다음은 반응이 적었던 팔로워, 팔로워는 아니지만 나의 게시물에 한 번이라도 관심을 가졌던 계정, 한 번도 노출된 적 없는 계정에 순차적으로 나의 게시물이 노출된다.

이렇게 노출이 서서히 퍼져가는 과정에서 긍정적인 반응을 이끌어내지 못하면 그 단계까지만 노출되는 것이다. 지속적으로 긍정적인 반응을 얻어 한 번도 노출된 적 없는 계정에도 노출이 되기 시작하면 어느 순간 떡상이라고 불리는 팔로워가 급격히 늘어나는 순간이 온다.

• 인스타그램 알고리즘에 내 콘텐트가 어떤 카테고리의 계정들에게 노출이 되어야 하는지를 명확히 보여줘야 한다. 카테고리가 명확하지 않은 계정은 알고리즘의 추천을 받기 어렵다. 예를 들어, 핵심 카테고리가 육아인 계정이 육아 게시물을 올렸다가 운동 게시물, 패션 게시물 같은 다른 카테고리의 게시물을 여러 번 올리면 일관성이 사라진다. 그럼 인스타그램은 이 계정의 글을 어느 카테고리 사용자에게 보여줘야 할지 알아차리지 못한다. 그러니 게시물을 올릴 때는 큰 카테고리에서 벗어나지 않는 주제로 선정하여 일관성을 유지하는 것이 좋다. 소통을 할 때도 나와 비슷한 주제를 가진 사람들과 적극적으로 이어가는 것이 좋다.

• 여론 조사를 해야 한다. 여론 조사란 선거 때 하는 것처럼 거창한 게 아니다. 게시물에 반응을 줄 그들이 어떤 콘텐트에 호감을 갖는지를 예민하게 주시하는 것도 여론 조사다. 인사이트를 활용해도 좋고 댓글이나 스토리의 질문 기능을 활용해도 좋다. 시도할 수 있는 다양한 방법으로 어떤 주제에 호감을 가지고 내 계정에 유입되는지 확인해야 한다. 또는 팔로워의 계정을 자주 방문함으로써 그들이 가지고 있는 고민들을 파악하고 기록해뒀다가 나중에 공감되는 내용의 게시물로 활용할 수도 있다. 이렇게 팔로워들에게 필요한 조사 내용을 바탕으로 콘텐트를 만든다면 저장이나 공유를 유도할 수 있다.

• 직접 팔로워들의 반응을 유도할 수도 있다. 글에서 대상을 명시하여 직접 반응을 유도하는 것이다. 예를 들어 아이들(대상)이 있으면 '저장(반응)하셨다가 꼭 다시 보여주세요' 라던지 함께 가고 싶은 '친구(대상)들 많이 소환(반응)하세요' 라던지 저장이나 공유를 직접적으로 요구하는 글을 쓰는 것이다. 직설적으로 요구하면 글을 읽는 사람으로 하여금 그 행동을 실제로 하게 만든다.

• 카테고리가 같은 계정과 평소 DM이나 댓글로 원활한 소통을 한다. 인테리어 계정은 인테리어 계정, 운동 계정은 운동 계정처럼 같은 카테고리 내의 관심사가 같은 사람들과 자주 DM이나 댓글 등으로 소통을 해야 한다. 이때 DM으로 소통하는 방법 중 하나가 스토리에 반응하는 것이다. 스토리에 스티커를 하나 남긴다던가 질문에 답하는 것만으로도 그 결과가 DM으로 전송되기 때문에 소통을 늘릴 수 있다. 반대로, 나의 팔로워들이 내 스토리에 반응하고 질문, 설문, 퀴즈 등 참여를 유도하는 스티커를 활용할 수 있다.

♡ 2022년 새로운 알고리즘이 적용된다

2021년 12월 인스타그램 아담 모세리 대표는 지금까지의 관계성, 관심사 기반으로 추천되어오던 알고리즘을 시간순으로 바꾸겠다고 발표하였다. 사실 관심사 기반으로 적용했던 알고리즘에 대해 꾸준히 제기되어오던 문제점이 이미 있었다. 바로 사용자가 편파적 정보, 선정적, 폭력성 게시물에 노출되기 쉽다는 것이다. 특히 청소년들이 이에 관심을 두기 시작하면 지속적으로 노출되어 상당히 부정적인 영향을 받을 수 있다. 소통을 많이 한 계정이 우선적으로 노출되고, 관심사가 같은 계정일수록 상단에 노출되는 알고리즘에서 최신 게시물 순으로 노출되도록 하겠다고 발표했지만, 전면적으로 개편할 것인지에 대한 순차적으로 어디까지 개편할 것인지 공식적 발표는 없다. 하지만, 염려하지 않아도 될 만한 점도 있다. 즉, 일반 계정보다 판매나 홍보를 하는 계정이 비교적 덜 노출된다는 사실이다. 따라서 판매와 노출이 핵심인 계정에게는 오히려 시간순으로 노출되는 편이 더 유리할 수도 있다는 생각이다. 시간순으로 알고리즘을 변경한다 하더라도 고객에 대한 신뢰는 기본적인 소통에서 만들어지므로 소통을 꾸준히 하는 것은 변함없이 중요한 요소이다.

또한 열심히 소통만 한다고 우선적으로 노출되는 것이 아니라면 더욱 내 계정의 콘셉트를 명확히 하고 페르소나를 설정하는 것이 중요하다. 내가 올리는 게시물이 상대방으로 하여금 흥미를 유발할 수 있도록 더욱 콘텐트 준비에 집중하도록 하자.

팔로워가 늘지 않을 때 대처법

인스타그램으로 브랜딩을 하고자 하는 사람들은 그런 측면의 성공을 위해 노하우를 찾고, 적용하기 위해 분투한다. 그런 그들이 가장 많이 하는 고민은 아무리 열심히 해도 늘지 않는 팔로워 숫자일 것이다. 만약 지금까지 이 책에서 알려줬던 방법들을 모두 활용해보았는데도 팔로워가 늘지 않는다면 다음의 대처법을 실행해보라.

먼저 내 콘텐트가 아래의 항목에 얼마만큼 해당하는지 체크하자.

☐ 따라하고 싶은가?

☐ 흥미롭고 재미있는가?

□ 영감을 주는가?

□ 공유하거나 저장하고 싶은가?

□ 대중적인가?

이 체크리스트를 유심히 생각하며 콘텐트를 만들면 같은 내용의 콘텐트라도 이전보다 사람들의 참여도, 반응도가 올라갈 수 있다.

♡ 따라하고 싶은 콘텐트를 제작하기

▲ 산타맘의 릴스 음원으로 830명이 관련 영상을 제작하여 노출 수가 증가하였다.

2020년 유행했던 지코의 아무노래 챌린지는 연예인, 일반인의 구분 없이 많은 사람들의 참여를 유도한 콘텐트였다. 이후 지코를 시작으로 많은 가수가 자신의 곡에 대한 챌린지를 시작했는데 해당 음원이 유행을 타면 그 음악을 배경으로 너도나도 실력에 상관없이 같은 안무를 추는 영상을 올렸다. 그중 지코의 아무노래 챌린지는 국내뿐만 아니라 K-POP을 좋아하는 해외 연예인, 일반인들도 많이 따라한 성공적인 마케팅이어서, 특정 구간을 들으면

★ 나는 매일 인스타그램으로 돈 번다

그 곡의 가수가 누구인지 모르는 사람들조차도 노래는 알 수 있을 정도로 대중적인 곡과 댄스가 됐다.

유명 헬스 유튜버나 인플루언서들은 따라할 수 있는 쉬운 운동 동작을 릴스로 만들어 그들의 팬들이 릴스 리믹스 기능을 활용하여 운동 챌린지에 참여하도록 유도한다. 릴레이를 하듯 공유를 한 영상일수록 반응이 올라가서 계정의 인지도와 게시물 반응도를 높일 수가 있다. 이처럼 공유하고 따라하고 싶은 영상을 만들거나 흥미롭고 재미있거나 영감을 주는 영상을 만들면 계정의 파급력은 커질 수밖에 없다.

▲ 내 식대로 변형해보기

♡ 내 마음대로 변형하기

노래, 춤처럼 완전히 새로운 것을 창조할 수 없을 때는 변형해보는 것도 좋은 방법이다. 나는 일본 음원을 나만의 콘셉트로 변형한 적이 있다. 이때 릴스에 사용한 음원은 '그냥 춤을 추고 있는 것 같아 보이지만 산소를 만들고 있는 중입니다. 그냥 춤을 추고 있는 것 같아 보이지만 악귀를 물리치고 있는 중입니다'라는 유행하는 일본 음원이었다. 하지만 자막은 그냥 '춤을 추고 있는 것 같아 보이지만 이벤트를 열고 있는 중입니다 그냥 춤을 추고 있는 것 같지만 선물을 뿌리고 있는 중입니다'라고 각색하여 이벤트를 열었다. 많은 사람들이 그 엉뚱한 모습을 보며 긍정적인 반응을 해줬다. 당연히 이벤트는 성공적이었다. 이처럼 100% 창조를 할 수 없다면 살짝 비틀어서 나만의 재해석을 해보자.

♡ 사진의 첫 장과 글의 첫 줄에서 호기심을 자극하기

사진이나 영상은 최대 10장까지 업로드가 되는데 가장 중요한 것이 첫 번째 메인 사진이다. 메인 사진을 어떻게 설정하느냐에 따라 사람들은 다음 장을 넘겨볼지 말지를 결정하게 된다. 글에서도 첫 줄이 가장 중요하다. 피드에서 글은 전체가 다 보이는 것이 아니라 첫 줄과 둘째 줄의 일부만 보이고 그다음 글은 '더 보기'를 눌러야만 글 전체를 볼 수 있다. 그러므로 첫째 줄 다음 글이 궁금해지도록 첫 이미지와 첫째 줄은 반드시 유의해서 작성하도록 하자.

♡ 나만의 스토리를 입히거나 궁금증을 유발할수록 클릭률이 높아진다

첫 줄에 들어갈 글로서 "배도라지를 꼭 먹어야 하는 이유"와 "7세 산타가 병원에 가지 않는 비법 3가지"라는 두 문장을 비교해보자. 어떤가? 먼저 배도라지를 먹을 이유를 앞세운다면, 배도라지가 지닌 효능의 흔해빠진 설명 같아서 쉬이 예상이 될 것이다. 하지만 병원에 안

▲ 제품을 꼼꼼하게 포장하고 있는 모습
처럼 비하인드 컷

간 비법이라고 하면, 어, 그게 뭘까, 하고 호기심을 자극하지 않겠는가? 건강에 관심 있는 사람들은 첫 번째보다 두 번째 문장을 클릭할 가능성이 높다. 비록 막상 그 둘의 내용을 뜯어보면 비슷할지라도 말이다.

설문 조사를 하거나 감사 표현을 하거나 미공개 비하인드 컷을 연출해서 보여주면 기존 팔로워들도 공감하고 초기 반응을 높일 수 있다. 정형화된 피드를 벗어나서 파격적인 모습을 보여주는 것도 반응을 높일 수 있다는 얘기다. 왼쪽 위에 보이는 사진은 가족 모두가 택배를 싸고 있는 모습이다. 제품을 구매하고 배송받는 것으로 끝나는 것이 아니라 어떠한 과정으로 이 제품이 만들어지고 있는지 비하인드 스토리를 보여주면 훨씬 더 친근감을 느낄 수 있다.

♡ 라이브를 적극 활용하자

라이브 방송을 이용해서 혼자 팔로워를 늘리는 게 어렵다면 다른 계정과 함께 늘릴 수도 있다. 인스타그램에서 라이브 방송을 시작할 때 대화 주제와 관련 있는 대상과 함께 진행할 수 있다. 라이브 방송의 장점은 편집에 대한 부담이 없고 녹화방송보다 생동감이 있다는 점이다. 또 댓글로 팬들의 반응에 실시간으로 피드백 하면 마치 친구와 영상통화를 하듯 친근해져서 팔로워들과 가까워질 수 있다. 이때 다른 계정과 함께 라이브를 한다면 함께한 계정의 팔로워들도 시청하기 때문에 새로운 팔로워의 유입이 생길 수도 있다.

이처럼 라이브 기능을 활용해 라이브 시작 시간을 예약하거나 라이브 시작 전에 테스트를 할 수 있다. 일정 요일이나 시간을 정해서 정기적으로 방송해보자.

아래 항목은 라이브 방송을 할 때 확인 해야할 체크리스트다.

☐ 배터리나 인터넷 속도를 체크한다.
☐ 처음과 끝맺음에 주제를 설정한다.
☐ 대략적인 흐름을 기획해서 진행한다.
☐ 꼭 해야 할 말은 잊지 않고 표현한다.

♡ 컬랩스(Collabs)

인스타그램에는 컬랩스라는 기능이 있다. 이것은 공동포스팅 기능으로 다른 계정에 같은 게시물을 공동으로 업로드할 수 있는 기능이다. 이것을 활용하면 상대방과 나의 게시물에 있는 좋아요와 댓글 수가 더해지기 때문에 사람들의 반응을 유도할 가능성이 높다. 또 서로

▲ 사람 태그하기에서 공동 작업자 수정   ▲ 공동 작업자와 함께 올린 게시물

의 팔로워에게도 노출이 되기 때문에 제품이나 서비스 등 컬래버레이션(collaboration) 작업도 할 수 있다. 게시물을 업로드 시 '사람 태그하기'에서 공동 작업자를 초대하고, 초대받은 상대방이 이를 수락하면 공동으로 업로드된다.

사진에 녹여내는 브랜딩

사진은 나를 정사각형 안에 담아내는 과정이다. 특히 사진 기반의 SNS인 인스타그램은 잘 찍힌 한 장의 사진이 10줄의 글보다 효과적일 때가 많다. 당신은 인스타그램에 끊임없이 쏟아져나오는 글을 하나하나 클릭해서 사진과 동영상, 글을 모두 꼼꼼하게 보는가?

평균적으로 타인이 내 계정에 머무는 시간은 보통 길어봐야 3초라고 한다. 다시 말해, 다른 사람이 다음 글이나 사진을 볼지 말지는 첫 번째 사진에 달려 있는 것이다. 따라서 1초 안에 사람의 시선을 사로잡아야 그 사람이 내 계정에 머물 가능성도 커진다. 홈에 있는 수십 개의 게시물을 쭉 내려보다 마음에 드는 사진이 있을 때만 손가락으로 터치해본 경험은 누구나 있을 것이다.

누군가는 사진은 타고난 감성이 있어야만 잘 찍을 수 있다고 말한다. 하지만 내 생각은 다르다. 인스타그램을 시작하기 전까지만 해도 사진 찍는 것을 매우 부담스러워하던 나는 수익화 계정을 통한 1인 기업으로 성장하기 위해 사진을 잘 찍으려고 노력했다. 그 과정에서 사진은 감각이 있으면 좋지만, 절대적인 것은 아니라는 것을 알게 됐다. 다음의 몇 가지 팁을 참고하여 사진을 찍어보자.

♡ 직감적인 사진 연출

먼저 이니스프리 계정(@innisfreeofficial)을 보자. 이니스프리 계정이야말로 사진으로 브랜드를 잘 표현한 대표 계정이라 할 수 있다. 이니스프리 계정에는 감탄이 나올만한 직감적인 사진들이 많다. 여기서 직감적인 사진이란 굳이 많은 설명이 없어도 사진만으로 어떤 브랜드인지를 알아차리는 것을 말한다. 이니스프리의 여러 피드를 보면 한눈에 한 눈에 메인 컬러가 초록이라는 것을 알 수 있다. 이처럼 여러 개의 피드들이 모인 전체적인 이미지도 메인 컬러 덕분에 통일감도 있다. 피드 하나하나를 따로 놓고 보더라도 이니스프리 계정이구나 할 정도로 말이다. 사진 촬

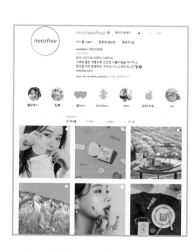

▲ 이니스프리 브랜드 계정 피드

영을 위해 초록의 요소를 의도적으로 모든 사진에 배치했고 밝기도 햇살이 들어오는 듯한 밝은 색감을 연출했다. 이러한 색감과 밝기는 이니스프리의 제품도 성분이 순하고 산뜻할 것만 같은 느낌을 준다.

이처럼 직감적인 연출을 통해 브랜드가 가지고 있는 느낌과 게시물의 주제가 잘 어우러져 사진에 잘 묻어나도록 해야 한다.

♡ 렌즈 닦기와 배경 정리

사진을 찍기 전 렌즈 닦기와 배경 정리는 사진을 찍는 것만큼이나 중요하다. 핸드폰이나 카메라를 사용할 때 렌즈에 먼지나 이물질이 묻어 있으면 사진을 흐리게 하는 주요 요인이 되기 때문이다. 배경도 찍으려는 피사체 뒤에 불필요하게 시선이 분산되지 않도록 정리를 한 후 촬영해야 한다. 당연한 기본이지만 많은 사람이 놓치는 부분이다. 만약 주변에 놓인 물건이나 배경이 너무 어수선하여 정리가 어려운 경우, 공간 한편에 촬영 장소를 마련해 둘 수 있다. 테이블이나 커튼을 활용한 가로 1m 남짓 공간만으로도 매력적인 사진을 연출할 수 있다. 이때 배경이 화려하면 시선이 분산될 수 있으므로 색은 최대한 무난한 색을 선택하는 것이 좋다. 주로 흰색을 추천한다.

▲ 공간 한편에 마련한 촬영 공간

♡ 눈에 띄는 사진의 비결: 선명도

팔로워가 아닌 사람들이 보는 내 사진은 메인 홈에서 노출되는 큰
사진(좌측)이 아니라 인기게시물, 탐색 탭에서 노출되는 12장 중의 1장
(우측)이다.

▲ 메인 홈에서 노출되는 사진

▲ 내 사진은 팔로워가 아닌 사람들
에게 탐색 탭을 통해 노출된다

여러 사진 중에서 내 사진이 선택받기 위해 가장 중요한 요소는 선
명도다. 사진의 선명도를 낮추는 요인이 과도한 필터와 어플 사용인데
인물 사진 촬영 시 어플을 과도하게 사용하면 사진은 선명함을 잃을
수 있다. 필터와 어플을 사용하더라도 적용 범위가 30%를 넘지 않도록
유의하여 기능을 사용하도록 하자. 필터나 어플을 적절하게 사용하면

선명도는 유지하면서 시선을 끄는 사진이 된다.

아웃포커싱도 사진의 선명도를 높이는 방법이다. 카메라에서 아웃포커싱 기능을 설정하면 초점이 맞춰진 대상은 또렷하게, 대상 외의 배경은 흐리게 처리되는데, 배경이 흐리기 때문에 상대적으로 피사체가 더욱 뚜렷하고 선명해 보인다. 따라서 인물사진을 찍거나 음식 사진, 제품 사진 등에 활용하여 피사체에 좀 더 시선이 가고 잘 찍은 사진 같은 느낌을 연출하기 쉽다. 이때 어디에 초점을 둘지를 반드시 체크한 후 찍도록 하자.

▲ 선명도가 좋아야 사람들이 내 게시물을 선택할 확률이 높다

♡ 안정적인 사진 구도

사진이 불안정한 느낌이 든다면 아마도 그건 구도의 문제일 가능성이 높다. 사진을 공부하다 보면 수많은 구도가 있다는 것을 알게 되는데, 그중에서 일반적으로 가장 많이 사용하는 구도가 중앙구도와 2분할, 3분할 구도다.

일반적으로 사진에서는 중앙구도나 2분할 구도를 많이 사용하는데 중앙구도는 피사체가 사진의 중심에 오는 구도이고 2분할 구도는 수평선처럼 두 범위로 나누어 촬영하는 방법이다. 이밖에도 중앙구도와 2분할 구도를 합친 구도도 많이 사용된다.

▲ 중앙구도　　　　　　　　▲ 2분할 구　　　　　　　▲ 중앙구도 + 2분할 구도

나만의 느낌이 나는 감성적인 구도를 만들어보고 싶다면 3분할 구
도를 활용해볼 수 있다. 거의 모든 스마트폰이 기본 카메라에서 격자
무늬 설정 또는 수직, 수평 안내선 표시를 설정할 수 있는데, 이를 설정
하면 가로, 세로 각각 2개, 총 4개의 선이 표시된다. 4개의 선은 화면을
총 9등분의 범위로 나눌 수 있다.

이때 피사체를 선과 선이 만나는 4개의 점 위에 배치하거나 인물을
오른쪽 점 2개 또는 왼쪽 점 2개 위에 두면 감성적인 사진을 연출할 수
있다. 사진 구도를 어떻게 잡느냐에 따라 프로필 화면의 느낌도 달라
진다. 내가 올린 게시물들이 모두 노출되는 프로필 화면의 복잡함을

★ 나는 매일 인스타그램으로 돈 번다

줄이려면 가능한 한 1, 2, 3 구역 등 3개 이상의 구역에 피사체가 놓이지 않도록 하자. 한 화면에 다른 구도의 사진들이 모여있더라도 사진의 구역에 빈 공간을 주면 훨씬 깔끔해 보인다. 예를 들어, 왼쪽 사진에서 위의 구역에 아이들의 모습을 작게 배치하고 1, 2, 3 부분을 하늘로 채운다든지, 오른쪽 사진에서도 오른쪽 윗부분을 하늘을 보여주는 등 피사체가 전체 구역 차지하지 않는 것만으로도 여백의 미가 살아있는 매력적인 사진이 된다. 또 인물 사진을 찍을 때 2번 공간에 머리를 두게 되면 답답한 사진이 될 수 있으니 얼굴은 5번 구역, 몸을 8번 구역에 두면 날씬하고 길어 보이는 효과를 얻을 수 있다.

♡ 효과적인 화면비율

사진이 보이는 면적을 최대한 활용해야 한다. 인스타그램에 올리는 사진의 화면 비율은 16:9, 1:1, 4:5이다. 가로 크기는 일정하지만 세로 크기는 어떤 비율로 올리느냐에 따라 세로의 길이가 달라진다. 인스타그램에 16:9 비율의 사진을 올리면 사진의 일부가 잘리는 것에 비해, 4:5, 1:1 비율의 사진은 원본 그대로 업로드된다. 그러니 16:9 비율의 가로 사진보다 9:16 비율의 세로 사진이나 1:1, 4:5 비율의 사진을 찍자. 스토리나 릴스를 업로드할 때도 최대한 9:16의 면적을 모두 사용할 수 있도록 하는 것이 좋다. 프로필 화면의 사진들은 게시물의 비율에 상관없이 모두 1:1 비율로 노출되므로 사진의 중요한 부분이 잘리지 않도록 유의해서 업로드하자.

▲ 16:9로 찍은 가로형 사진

▲ 1:1로 찍은 정사각형 사진

▲ 4:5로 찍은 직사각형 사진

▲ 스토리나 릴스에 보여지는 9:16 사진

★ 나는 매일 인스타그램으로 돈 번다

종종 사진을 꾸미기 위해 여러 가지 앱으로 액자나 테두리를 만들어 업로드하는 경우가 있는데 오히려 노출되는 사진의 면적을 줄여 사진의 집중도만 흐릴 수 있으니 극적인 효과가 아니라면 지양하자.

♡ 무조건 많이 찍어보기

사진 실력을 키우는 방법은 우선 무조건 많이 찍는 것이다. 유명 사진관에 가서 마음에 드는 사진 몇 장을 얻기 위해 여러 번 되풀이해 찍어보는 것처럼, 사진도 많이 찍어봐야 실력이 는다. 한편 마음에 드는 사진이란 개인의 취향에 따라 차이가 있다. 사람마다 선호하는 색감과 구도가 다르기 때문이다. 결국, 사진을 많이 찍는 것은 감각을 키우려는 이유도 있지만 내가 어떤 스타일을 좋아하는지를 알기 위해서이기도 하다.

찍으려는 상황이나 대상과 관련된 인기게시물을 참고하는 것도 좋은 방법이다. 예를 들어 카페 사진을 찍기 전에 #카페 #커피 등을 검색해서 나온 인기게시물의 구도를 따라 찍는 것이다.

♡ 망한 사진 간단하게 살려내는 방법

사진을 찍는 것도 중요하지만 찍은 후 보정하는 것도 매우 중요하다. 사진이 메인 콘텐트인 사진작가나 여행가는 포토샵 등의 전문적인 기술을 활용하는 것이 좋다. 하지만, 일반 계정에서는 인스타그램의 사진 보정 기능만으로도 충분히 괜찮은 사진을 연출할 수 있다. 인스타그램에 사진을 업로드하기 전에 하단을 보면 '필터'와 '수정'이 있다. 수정을 누르면 '조정, 밝기, 대비, 구조, 온도, 채도, 하이라이트, 선명하게'로 구분된 보정 기능들이 보인다. 우리는 이 보정 기능으로 사진을 세밀하게 보정할 수 있다.

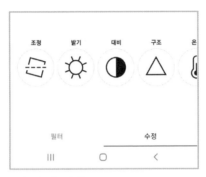

▲ 인스타그램 보정 기능

⊕ 수정 기능 활용

- 조정: 사진의 상하, 좌우의 회전, 축소, 확대 기능 수직, 수평이 맞지 않아 삐뚤어진 사진이나 대상의 수직, 수평을 맞출 수 있다.
- 밝기: 사진을 밝거나 어둡게 조정한다. 과하지 않게 설정하는 것이 좋다. 조명이 없는 곳에서 촬영할 때 밝기를 높이면 자연광을 활용한 느낌을 더할 수 있다.
- 대비: 밝거나 어두운 부분의 명암을 조절한다.
- 구조: 색상 값을 조절해서 세밀한 느낌과 질감을 이끌어낸다.

★ 나는 매일 인스타그램으로 돈 번다

- 온도: 사진 전체에 따뜻한 노란색 톤이나 차가운 파란색 톤을 준다. 온도를 통일해서 전체적인 피드의 느낌을 일관성 있게 유지할 수도 있다.

- 채도: 사진의 색상 강도를 높이거나 낮춘다. 사진에 생생함을 더하고 싶을 때 채도를 높여줄 수 있다.

- 하이라이트: 밝은 영역을 조절한다. 빛이 많이 들어온 영역의 밝기를 조절할 수 있다.

- 그림자: 하이라이트와 어두운 영역의 밝기를 조절할 수 있다.

- 선명하게: 피사체의 테두리를 분명하게 하면서 선명함을 높인다.

조정 -1.3
밝기 30
대비 5
구조 5
온도10
채도 5
하이라이트 10
그림자 30
선명하게 10

▲ 수정 기능 사용 전   ▲ 수정 기능 사용 후

♡ 사진 꾸미기 추천 애플리케이션

사진에 글을 입히거나 카드뉴스 등을 제작하고 싶다면 미리캔버스(www.miricanvas.com), 망고보드(mangoboard.net), 캔바(canva.com) 사이트나, 라인카메라, 글그램 등의 앱을 사용하자. 내용, 폰트, 이모티콘 정도만 수정하고, 나머지는 기본 틀이 있어 쉽게 이미지 작업을 할 수 있다.

마지막으로 카드 뉴스 같은 이미지를 만들 때는 대상자와 목적을 분명히 하고 주제나 제목, 내용의 연결도 매끄러워야 하며 텍스트를 최소화해서 한눈에 들어올 수 있도록 하는 게 좋다. 메인 이미지를 질문으로 시작한다든지, 'ㅇㅇ하는 법'이나 'ㅇ가지' 같은 제목으로 호기심을 자극할 수도 있다. 저작권 문제가 생기지 않도록 무료 이미지와 폰트를 사용하는 것을 권하고 싶다. 사진 보정 및 꾸미기 앱으로는 스냅시드, Ulike, B612, VSCO을 추천한다.

동영상에 녹여내는 브랜딩

움직임이 있는 영상이 정적인 사진보다 사람들의 시선을 더 많이 모을 수 있다. 인스타그램이 2021년에 출시한 숏폼 동영상 플랫폼 '릴스'는 이제 인스타그램에서 없어서는 안 되는 기능이 되었으며, 그 영향력이 확대됨에 따라 이용자들도 다양한 콘텐트를 더 재미있게 즐길 수 있게 되었다. 이제 릴스는 인스타그램 안의 또 하나의 문화 공간으로 자리 잡았다. 인스타그램을 열면 손이 잘 가는 중앙에 릴스 버튼을 배치한 것만 봐도 이 릴스의 활용을 얼마나 장려하고 있는지 알 수 있다.

지금부터 계정의 브랜딩을 위해 꼭 알아야 할 영상제작에서부터 릴스 업로드까지 알아보자.

♡ 영상 편집 어플

영상 편집 어플은 대표적으로 블로(VLLO), 키네마스터(KineMaster), 멸치(MELCHI), 캡컷(CAPCUT),비타(VITA)가 있으며 초보자에게는 이중 조작이 간편한 블로를 추천한다. 특히 블로에서는 영상을 편집하거나 사진을 영상으로 변환할 수도 있다. 다음은 인스타그램에 알맞은 영상을 편집할 때 유념해야 할 점들이다.

• 크기를 설정하고 채움을 선택한다. 사진과 마찬가지로 영상도 몰입도를 위해 화면에서 잘리는 부분이 적은 영상을 올리도록 하자. 인스타그램 게시물에 업로드할 영상은 사진처럼 1:1이나 4:5의 비율로 제작하고, 릴스는 9:16 비율로 설정하여 제작하자. 영상 테두리에 여백이 생기지 않게 하려면 블로의 설정 창에서 영상 배치를 채움으로 설정해야 한다.

• 불필요한 NG 장면은 컷편집을 통해 제거한다. 인스타그램은 유튜브와 같이 3분 이상의 영상을 시청하는 이용자가 적다. 실제로 유튜브와 경쟁하기 위해 1분에서 최대 1시간 길이의 영상을 올릴 수 있는 IGTV라는 기능을 도입했지만 이용률도 저조해 메인 화면에 있던 IGTV 버튼을 삭제했다. 거의 모든 콘텐츠가 빠르게 소비되는 인스타그램의 특성상, 긴 영상보다 짧은 영상이 몰입도와 반응도가 높다. 그러니 너무 재밌거나 궁금해서 끝까지 볼 만한 영상이 아니라면 10~30초 이내의

짧은 영상을 만들도록 하자.

• 속도 조절을 한다. 매일 업로드 되는 수많은 콘텐트 중에서 내 영상이 스킵되지 않도록 하려면 영상 속도에 차이를 두는 것도 좋다. 특히 영상 속도를 1.2배속 이상이나 0.8배속 이하로 설정하면 1배속의 영상보다 생동감 있거나 감성적인 영상이 될 수 있다. 그러나 과도한 사용은 영상의 의도나 재미를 해칠 수도 있으니 영상마다 적절한 속도를 선택하자.

• 텍스트는 적당히 사용한다. 지나치게 많은 텍스트는 인스타그램에서 스팸성 영상으로 인식하여 추천을 받지 못하거나 제재를 주기도 한다.

• 저장할 때에는 QHD 이상의 화질로 저장한다. 인스타그램 공식 발표에서 영상의 화질이 떨어지면 알고리즘의 선택을 받을 수 없다고 공지한 바 있다. 어플 사용이나 인스타그램 업로드 시 변환되면서 화질이 저하될 수 있으니 반드시 화질은 높은 사양으로 저장하자.

♡ 노출되는 릴스를 만드는 팁

• 음악을 활용한다. 이때 음악은 미리 찾아 활용하는 방법도 사용하

자. 만약 음악에 일가견이 있다면 앞으로 유행할 만한 음악을 미리 찾아 활용하는 방법도 있다. 릴스는 같은 음원을 쓴 게시물끼리 모아 노출시키기 때문에 아무도 사용하지 않는 음원보다는 많은 사람이 사용하는 음원을 사용했을 때 노출이 더 잘된다. 최소 5,000개 이상의 게시물이 사용한 음원을 사용하는 것이 좋고, 유명 음원이 있을 때는 틈틈이 저장해두고 사용해볼 수 있다.

• 다른 플랫폼에서 다운받은 영상을 그대로 사용하는 것을 자제한다. 특히 틱톡에서 다운받은 영상은 틱톡 워터마크가 찍힌다. 인스타그램에서 타 앱의 영상을 그대로 업로드하는 경우 알고리즘의 추천을 받을 수 없다고 발표한 만큼 틱톡 워터마크가 있는 영상은 다시 편집하거나 업로드하지 않도록 한다.

• 인스타그램에 새로 추가된 각종 기능을 적극적으로 사용한다. 새로 생긴 기능을 빨리 사용할수록 노출이 잘된다.

• 사진보다는 영상을 촬영, 편집해서 업로드하자. 릴스 영상을 만들 때 여러 장의 사진을 조합해서 만드는 것보다 움직이는 영상을 촬영하여 편집한 영상이 노출이 더 잘된다. 사진 한 장도 릴스로 업데이트할 수 있지만, 사진보다는 직접 촬영한 영상을 릴스로 올려보자.

♡ 판매로 이어지는 사진, 릴스 콘셉트

공동 구매를 진행할 때 가장 중요한 것 중의 하나가 사진이다. 그럼 사진을 예쁘게 찍기만 하면 될까? 이미 PART 5의 '판매를 부르는 오픈 전략'에서 보기 좋게 잘 찍은 사진이 마케팅의 전부가 아니라는 것을 설명한 바 있다. 예를 들어 유명 브랜드처럼 제품 사진을 주인공으로 한 사진은 직관적이지만 자신이 팔로워 수가 많은 인플루언서가 아닌 이상 대부분 홍보성 게시물로 인지하고 다른 계정으로 넘어간다. 그렇다면 공동 구매에서 사람들이 구매 버튼을 누르도록 하는 사진은 어떤 사진일까?

정답은 진정성이 묻어나는 사진이다. 제품을 먹거나 바르거나 실제

▲ 우체국에서 해외택배 발송하는 모습

사용하는 모습, 택배 싸는 모습, 송장 출력하는 모습, 제품 검수하는 모습 등 제품을 다루고 고객을 대하는 모습은 구매자뿐만 아니라 관심이 없던 사람에게도 신뢰를 준다. 나는 가끔 해외 배송도 하는데, 이 경우에는 직접 발송하기 위해 우체국에 간다. 해외 배송은 배송비가 만만치 않기 때문에 구매자들은 제품을 고를 때 더 신중

한 편이다. 한 번은 우체국에서 국제 배송 택배를 신청하는 사진을 올렸더니 '우와 이렇게까지 해주시다니 감동이다' 같은 댓글이 달리면서 DM으로 해외주문 요청이 증가했다.

제품 사용법 같은 사진을 올리는 것도 좋은 전략이다. 주스를 판매한다면 아이들이 먹기 좋은 젤리로 만드는 법, 선풍기를 판매한다면 직접 선풍기를 조립하는 영상을 찍어 릴스에 업로드하는 것이다. 게시물을 업로드할 때 진정성 있는 게시물이 무엇인지, 고객들의 마음을 사로잡을 콘셉트가 무엇인지 고민하자.

Santamom_insta
181._queen_.181 · 원본 오디오

···

좋아요 35,000개
Santamom_insta #월 매출 1억! 산타맘의 인스타그램 비밀과외
댓글 2,300개 모두 보기
6일 전

PART 7

산타맘 스파르타를 통해
인플루언서로 거듭나다

Santamom_insta
181._queen_.181 · 원본 오디오

· · ·

좋아요 35,000개
Santamom_insta #월 매출 1억! 산타맘의 인스타그램 비밀과외
댓글 2,300개 모두 보기
6일 전

마이크로 인플루언서의 모델 유형: 계정 소개

마이크로(micro) 인플루언서는 나라별, 업체별로 지칭하는 의미가 다르지만 일반적으로 1천~10만 팔로워를 보유한 인플루언서를 지칭하는 용어다. 이들은 게시물 하나만 올려도 금방 이슈가 되고 팔로워가 따라오는 연예인은 아니다. 하지만 특정한 영역에서 큰 관심도나 전문성을 가져, 팔로워는 적어도 마케팅 측면에서 역량을 발휘할 수 있다.

비슷한 의미로 나노(nano) 인플루언서라는 말이 있는데, 이 경우도 팔로워는 적지만 그만큼 팔로워들과 긴밀한 관계를 유지한다. 실제로 유저들은 팔로워가 수십만, 수백만, 수천만이 넘는 인플루언서보다 마이크로 인플루언서나 나노 인플루언서에게 친밀감을 느낀다고 한다. 그

★ 나는 매일 인스타그램으로 돈 번다

렇기 때문에 만약 공동 구매나 이벤트를 진행한다면 마이크로 인플루언서나 나노 인플루언서도 충분히 영향력을 행사하고 수익화를 이룰 수 있다는 뜻이다.

인스타그램을 시작했을 당시의 나는 나노 인플루언서도, 마이크로 인플루언서도 아니었지만, 계정을 성장시키기 위해 노력했다. 계정의 영향력을 키우는 과정에서 인스타그램 공동 구매도 진행했다. 그리고 공동 구매를 시작한 지 1년 9개월 만에 연 매출 6억을 달성했다. 2021년에는 월 최고 매출 1억을 달성하기도 했다. 모두 그동안 팔로워들과 끈끈한 관계를 유지하고 신뢰를 높인 덕분이었다. 하지만 지금도 많은 사람들이 인스타그램으로 수익을 만드는 일을 그저 특정 사람들만 할 수 있는 일이라고 생각한다. 나는 그렇지 않다는 것, 누구나 새로운 기회를 인스타그램으로 만들 수 있다는 것을 보여주고 싶었으므로 2020년 8월부터 개인 컨설팅, 온라인 강의, 기업 강의들을 해왔다. 그 후 인스타그램으로 브랜딩을 하고 싶은 사람들에게 좀 더 실질적인 도움을 주고자 2021년 7월부터 산타맘스쿨이라는 네이버 카페를 만들었다. 이후 인스타그램 마케팅, 공동 구매, 브랜딩 노하우를 산타맘 스파르타반, 판매실전반 등을 통하여 수강생들에게 전해주었다.

지금부터 산타맘스쿨에 참여했던 계정 일부를 소개하려고 한다. 그들은 산타맘스쿨에서 나의 강의를 듣고, 짧은 기간 동안 인스타그램 계정의 영향력을 키웠다. 그들뿐만 아니라 산타맘스쿨을 들었던 사람들은 지금도 그들의 영향력을 넓혀가고 있다.

♡ 신혁 @shin_hyuk_jeju

제주도에 거주 중인 펜션 운영자 이병섭 님은 초기에는 인스타그램을 하는 것이 시간 낭비라고 생각했지만, 이후 디지털 노마드를 꿈꾸며 결국 시작하게 되었다고 한다. 운영 중인 제주하도 펜션의 대표로서 꾸준한 소통과 브랜딩을 하게 되었고, 제주의 소식을 함께 알리고 있다. 현재 6,500명가량의 팔로워를 보유 중이며, 이로 인해 펜션 홍보도 전보다 더 잘되고 있고, 제주 음식점이나 카페의 협찬제의도 많이 받고 있다.

그는 인스타그램이 나를 알리는 중요한 브랜딩 작업이라는 것을 알

▲ 신혁 @shin_hyuk_jeju

★ 나는 매일 인스타그램으로 돈 번다

게 되었고, 앞으로 제휴마케팅을 통해 새로운 수익 구조를 만드는 것
에 집중해보겠다고 했다. 거리에서 알아보는 사람이 생겼을 정도로 브
랜딩을 잘하고 있는 행보를 보여주고 있다.

♡ 올리브마마 @olivemama__insta

육아를 위해 경력이 단절되었던 이은실 님은 무기력증과 우울증이
있었으나 인스타그램으로 삶의 활력을 찾았다고 한다. 200명의 팔로
워로 시작한 계정은 개인 브랜딩을 하고 관심 분야의 콘텐트를 다양
한 콘셉트로 제작한 결과, 6개월 만에 팔로워 수가 6,600여 명으로 성
장했다. 또한, 제휴마케팅을 통해 수익화뿐 아니라 다양한 협찬도 받고
있다.

▲ 올리브마마 @olivemama__insta

살림과 육아만 하던 주부에서 브랜딩을 통해 인플루언서가 되어가는 과정은 이제껏 느껴보지 못했던 즐거움이었다며, 앞으로도 제휴마케팅으로 인한 수익화를 좀 더 안정적으로 꾸려가고자 한다고 전했다.

♡ 고고쩡스 @gogo_jjungs

오프라인으로 뷰티샵을 운영 중인 김민정 님은 0명의 팔로워로 시작한 계정에서 3개월 만에 팔로워 수가 3,000명인 계정으로 성장시켰다. 또한, 브랜딩을 통하여 다양한 분야의 사람들과 관계를 맺으며 오프라인으로 진행하고 있던 화장품 판매도 온라인으로 이어가고 있다.

특히 본격적인 홍보를 진행하고 있지 않음에도 불구하고 계속적으

▲ 고고쩡스 @gogo_jjungs

로 문의가 들어와서 80만 원 가량의 매출을 올리고 있다. 인스타그램으로 폭넓은 사람들과 다양한 관계를 맺는 것이 너무 좋고, 그로 인해 삶에서 동기부여를 받을 수 있다고 전했다. 따라서 앞으로도 브랜딩을 지속하여 수익화를 넓혀가는 것이 향후 계획이다.

♡ 삼윤맘 @samyoon_mom

세 아이의 엄마이자 직장인이던 차소현 님은 팔로워 190명의 일기장 같은 평범한 계정을 가지고 있었다. 그러나 제2의 직업을 목표로 개인 브랜딩을 시작한 지 4개월 만에 팔로워 5,600명, 월 매출 600만 원, 6개 이상의 협찬을 꾸준히 받는 1인 기업 CEO 이자 N잡러로 성장하였다.

▲ 삼윤맘 @samyoon_mom

그녀는 집과 회사만 알던 평범한 삶에서 새로운 일을 도전할 수 있어 자신감이 생겼고 인스타그램으로 수익화를 만들 수 있어 큰 변화가 생겼다고 한다. 또 평소 올리던 일상을 꾸준하게 브랜딩한다면 누구나 수익화를 이룰 수 있다고 말하며 앞으로도 꾸준히 제휴마케팅을 진행하겠다고 전했다.

♡ 지지 @zizi_people

오프라인 미술 선생님이자 세 아이의 엄마인 길유정 님은 급변하는 흐름 속에 온라인의 필요성을 절감하게 되어 인스타그램을 키우고자 하였다. 사실 원래부터 1,000명 정도의 팔로워가 있었지만, 좋아요 수나 댓글 수는 현저히 적은 계정이었다.

하지만 개인 브랜딩을 통해 팔로워들과 소통하고, 강점인 엄마표 미술을 인스타그램 속에 자연스럽게 녹여내는 노력을 꾸준히 진행해온 결과 6개월 만에 팔로워가 2,800명 이상인 계정으로 성장하였고, 1인 기업 CEO로서 제휴마케팅과 온라인 미술수업으로 300만 원 이상의 매출을 기록하며 협찬도 6회 이상 꾸준히 받고 있다.

그녀는 많은 사람들과의 소통이 자신의 삶에서 변화와 용기를 가져다주었다고 말한다. 미래에 전국을 돌아다니며 아이들을 만나 미술수

▲ 지지 @zizi_people

업을 하는 동화작가이자 미술 선생님으로서의 꿈도 꾸면서 콘텐트 준비를 열심히 해나가고 있다. 그리고 마음먹기에 따라 좋아하고 하고 싶은 일을 인스타그램으로 해낼 수 있어서 행복하다고 전했다.

♡ 딸기약사 @strawberry_yaksa

일상 육아 계정으로 팔로워 400명대의 계정을 운영하던 유선영 님은 약사라는 직업과 육아맘이라는 상황을 함께 브랜딩하고 육아맘들이 필요로 하는 약 정보를 꾸준히 콘텐트화한 결과 15,000명의 팔로워를 5개월 만에 모을 수 있었다.

그녀는 브랜딩을 위한 방향성이 중요하다는 것을 알게 되면서 앞으

strawberry_yaksa

게시물 561   팔로워 14.9천   팔로우 1,110

▲ 지지 @zizi_people

로는 개인 브랜드를 만드는 것에 더욱 힘쓰겠다고 하였다. 스스로도 날이면 날마다 같은 하루를 보내는 지루한 일상에서 인스타그램을 성장하고 공부하며 목표를 위해 달려가는 것이 즐겁다고 전했다.

♡ 사과이모 @apple1004_insta

작가가 꿈인 사과이모는 팔로워 수가 0명인 상태에서 평소 좋아하던 글쓰기를 시작했다. 얼굴을 노출하지 않고 오로지 자신의 생각들을 글로 표현하면서 5개월 만에 1,500여 명의 팔로워를 확보해 온라인 소통을 하고 있다.

따뜻한 음성을 가진 자신만의 강점으로 글과 더불어 음성편지를 읽는 일도 시작하였고, 사과이모의 힐링상담소를 오픈하여 온라인 상담까지 운영 중이다.

처음 그녀는 온라인 소통이라는 것이 과연 가능할지 몰라 불안한 마음이었으나 현재는 힘이 되어주는 팔로워들이 있어 꿈을 하나씩 이루어가고 있다며, 작가라는 꿈을 향위해 책 출간과 오디오북을 준비하면서 많은 사람들에게 힐링의 메시지를 전하고 싶다고 한다.

♡ 집순이 바니네 @vanie.home

평범한 주부인 집순이 바니네 계정은 팔로워 0명으로 시작하여 평소 관심 있는 인테리어와 살림 전반의 컨텐츠로 팔로워들과 소통하고 있다. 현재는 팔로워 800여명으로 7회 이상 협찬을 받고 있다. 특히 깔끔한 모노 톤에 센스있는 감각을 녹여내어 감성적으로 피드를 통일성 있게 운영해가고 있다.

그녀는 주부로서 누구나 하고 있는 것이 살림인데 인스타그램을 통해 새로운 수익화를 만들며 새로운 사람들과 소통하는 것이 감동적이고 재미있다고 한다. 앞으로 인테리어 관련 용품을 판매하며 또 다른 수익화를 만들어가겠다고 전했다.

♡ 지디노 @jidino_zzangji

장지욱 님은 20년 동안 다녔던 직장을 그만둔 후 디지털 노마드라는 새로운 길을 선택했다. 팔로워 0명에서 시작해서 살림을 메인으로 다양한 꿀팁과 정보를 전달하고자 노력한 결과 현재 2300여명의 팔로워를 보유하고 있다. 더불어 3회 공구에 400만 원 매출을 기록하며 1인 기업으로 새로운 도전을 하고 있다.

계정의 브랜딩 뿐 아니라 소통에도 진실성 있게 다가가고 있는 그녀는 인스타그램을 통해 맺게 되는 인연의 소중함과 스스로 해낼 수 있다는 자신감을 얻게 되어 행복한 요즘이라고 전했다. 앞으로 더 큰 영향력을 펼치고자 인스타그램 계정 운영에 진심을 다하고 있다.

♡ 원더우먼 @wonder__woman_insta

20년차 간호사인 워킹맘 정혜경 님은 팔로워 수 200명에서부터 시작하여 현재는 1,600여 명의 팔로워를 가지고 있다. 특히 소속 병원의 소식을 알리면서 병원의 홍보에도 도움을 주고 있으며, 산타맘스쿨 미라클모닝 모임을 이끌어가고 있다.

그녀는 인친들과의 진정한 소통을 통해서 삶의 활력을 만들어가고 있고, 앞으로 주위에 어려운 사람들에게 도움을 줄 수 있는 선한 영향력을 펼치고 싶다고 했다. 게다가 제휴마케팅을 통해 새로운 수익화도 기획 중이며, 주변에도 인스타그램을 활용하라고 독려할 정도로 얻는 기회나 에너지가 많다고 전했다.

♡ 쭌쪼맘 @jjonjjo

두 아이의 엄마이자 워킹맘인 장재나 님은 개인 브랜딩을 통해 4,100명의 팔로워를 보유 중이다. 특히 하와이 1년 살기를 시작으로 삶을 피드로 녹여내는 노력을 해오면서 진성 팔로워를 많이 만들었고 그들과의 실제 만남을 통해 관계를 돈독히 이어나가고 있다고 한다. 또 10회 이상의 협찬도 받게 되었다.

미래에 전 세계 의료봉사를 다니는 것이 목표인 그녀는 팔로워 1만 명을 만드는 것을 목표로 좋은 제품과의 제휴마케팅을 계획 중이다. 덧붙여 인스타그램은 육아로 인해 내가 없어진 삶을 살고 있는 엄마들에게 자아를 찾는 중요한 수단이 될 거라고 전했다.

♡ 블로썸제주 @blossom_jeju

팔로워 수 0명에서 인스타그램을 시작한 두 아이의 엄마인 양성희 님은 4개월 동안 1,300명의 팔로워를 모으며 제주 소식을 전하고 있다. 특히 첫 제휴마케팅을 통해 제주의 특산품을 판매하였고 3일 동안 170만 원의 매출을 올렸으며 재주문도 꾸준히 받고 있다.

그녀는 누군가에게 먼저 다가가지 못했지만, 인스타그램 소통을 통해 인간관계가 폭넓어지고 만남에 대한 태도가 달라졌다고 한다. 또한, 온라인 판매에 적합한 환경을 갖지 못한 농부들의 특산품을 판매하여 많은 사람들에게 건강한 먹거리를 전하는 것을 목표로 두고 성장하고 있다.

♡ 욱여사 @luv_wook

두 아이의 엄마이자 법인 대표로 일하며 인스타그램으로는 오직 70여 명의 지인과만 소통하던 한현욱 님은 5개월 동안 육아와 캠핑을 주제로 콘텐트를 만들며 1,300명의 팔로워를 모았다. 3일간의 첫 공구에서 170만 원의 매출을 달성했고 지금은 꾸준히 협찬도 받는 계정으로 성장하였다.

그녀는 사진부터 계정 방향까지 체계적으로 브랜딩하여 수익화를 구체화시킬 수 있었다며 앞으로도 꾸준히 제2의 수익원이 될 수 있도록 인스타그램 활성화에 노력하며 좋은 제품을 소개하는 인스타그램 마케팅을 하겠다고 전했다.

지금까지 소개한 이들은 필자의 컨설팅 이전에 일상을 공유하거나 지인들과의 소통만 하는 평범한 일기형태의 계정이 대부분이었다. 하지만 불과 4~6개월 혹은 그보다 더 짧은 기간에 수익화를 이루고 있으며 다양한 방면으로 오프라인을 넘어 온라인에서도 지역에 상관없이 자신의 색깔을 드러내고 새로운 형태의 도전을 시작하는 계기로 만들고 있다.

이처럼 평범한 사람도 누구나 전략을 잘 세우면 브랜딩이 충분히 가능하다. 수많은 사람들이 인스타그램을 그저 눈팅용으로 사용하고 있다는 통계가 있다. 하지만 누군가는 수익을 이루고 생각지도 못하는 기회를 만나고 있지 않은가. 다른 사람의 이야기가 아니라 당신의 이야기이다. 그 모든 과정과 필요한 사항들을 다음 장에서부터 차근차근 다룰 것이니 1인 기업으로 성장하겠다는 목표로 함께 하길 바란다.

PART 8

산타맘의 마지막 강의

Santamom_insta
181._queen_.181 · 원본 오디오
···

좋아요 35,000개
Santamom_insta   #월 매출 1억! 산타맘의 인스타그램 비밀과외
댓글 2,300개 모두 보기
6일 전

성공에 가까워지기

♡ 꾸준함이 가장 큰 무기이다

게시물 하나만 잘 올려도 반응이 폭발적일 수도 있지만, 오랜 시간 동안 비슷한 유형의 게시물들이 꾸준히 축적되어야 팔로워 유입이나 신뢰도를 형성할 수 있다. 목표 기간을 하루 이틀 짧게 잡지 말고 1개월, 3개월, 6개월, 1년 같은 식으로 기간을 정해 꾸준히 업로드하고 개선해나가는 노력이 필요하다. 나의 계정도 처음 게시물의 업로드 직후에는 반응이 평범했으나 관련 영상이 10개 이상 쌓이고 나니 게시물의 반응이 점점 좋아져 팔로워가 유입되었던 경험이 있다. 이를 들은 수많은 수강생도 자신들만의 콘텐트 방향을 잡으며 매일 꾸준히 업로드했다. 그 결과 매출도 증가하고 팔로워도 증가하는 것을 경험했다.

무엇을 하든 시작만큼 중요한 것이 꾸준함이다. 매일 게시물을 올리는 것도 마찬가지다. 만약 매일 게시물을 올리는 것이 어렵다면 기존에 있는 커뮤니티에 가입하거나 새로 만들어 다른 사람들과 함께 꾸준함을 만들어보자. 한마디로 내가 꾸준히 하기 어려운 영역을 '함께'라는 시스템에 넣는 것이다. 지금 나는 '산타맘 1일 1피드 챌린지'와 '미러클 모닝 챌린지'를 운영 중이다. 혼자 하면 꾸준하기 어려운 챌린지를 다른 사람들과 함께하다 보니 습관이 잡히고 매일 동기부여가 되고 있다.

♡ 투자해야 한다

투자 없이 결과를 바라는 것은 도둑놈 심보라는 말이 있다. 투자는 자기만족을 위해 돈이나 시간을 쓰는 소비와의 개념이 다르다. 원하는 결과를 얻기 위해서는 투자해야 한다.

당신은 인스타그램에서 원하는 결과를 얻기 위해 어떤 투자를 할 수 있는가?

우선 시간을 투자해보자. 매력적인 게시물을 올리기 위해 검색하고, 분석하고, 촬영하고, 편집하고, 필요하다면 공부도 해야 한다. 목표를 이루기 위해 시간을 투자해보자. 처음에는 시간이 많이 걸리겠지만 경험이 쌓이고 노하우가 생길수록 매력적인 게시물을 올리는 데 필요한 시간이 점점 줄어들 것이다. 내 계정에 놀러 온 예비 고객들의 계정도 꾸준히 방문해서 좋아요나 댓글도 남겨보고 그들이 현재 무엇을 필요로 하는지 댓글 반응을 통해 예측해보자.

팔로워들이 나를 기억해주는 것도 중요하지만, 반대로 내가 나의 팔로워들을 아끼고 소중히 하고 있는지도 스스로 물어야 한다. 온라인의 인간관계도 오프라인의 인간관계랑 똑같다. 댓글이나 좋아요 등으로 정성을 들이면 들일수록 가깝고 신뢰하는 관계가 된다.

다음으로는 경제적으로 투자해보자. 인스타그램으로 수익이 나는 시점부터는 삶에서 꼭 필요한 일정 수익을 제외한 추가 수익은 홍보비용으로 사용하자. 이벤트로 투자할 수도 있고, 광고비용으로 투자할 수도 있다. 이벤트를 진행하여 참여하는 고객들에게 혜택을 줌으로써 기존의 고객을 유지하고, 광고를 통해서는 신규 인원을 모집하자.

그리고 더 나은 콘텐트를 만들기 위해 촬영 장비, 소품 등에 투자하자. 콘텐트를 만드는 데는 스마트폰만으로도 충분하지만 활용할 수 있는 장비, 소품이 많을수록 콘텐트의 질과 양도 올라간다.

♡ 독서, 글쓰기, 멘토

직장 생활을 오래 해본 나는 1인 기업을 운영하면서 흔들리는 순간들이 있었다. 소속감이 없고 방향성을 스스로 만들어야 했기 때문이다.

직장을 다닐 때는 주어진 일을 하는 것만으로도 충분했지만, 1인 기업은 스스로 일을 찾고 만들어야 했다. 출퇴근 시간이 따로 정해진 것도 아니었고, 소속된 곳도 없었다. 열심히 하라고 재촉하는 사장이나 상사도 없었다. 그렇기 때문에 1인 기업을 꾸준히 유지하고 발전시킬 원동력이 필요했다. 그때 나의 원동력이 돼준 건 독서와 글쓰기 그리고 멘토였다.

나는 독서를 통해 사업의 방향성을 잡거나 아이디어를 구상할 수 있었고, 글쓰기를 통해 책에서 얻은 지식이나 생각을 정리할 수 있었다. 그렇게 정리한 지식을 다른 사람들에게 설명하기도 하고, 콘텐츠에 녹여내기도 했다.

특히 인스타그램을 운영하려면 짧든 길든 매일 글을 써야 한다. 이 과정에서 독서를 꾸준히 하면 나도 모르게 글쓰기 능력이 향상되고, 글쓰기 능력이 향상되면 표현력이 늘어 결론적으로 대중, 팔로워들을 설득하는 힘도 커진다.

어려움에 직면했을 때는 나에게 조언해줄 수 있는 멘토를 찾았다. 나의 고민을 들어주는 사람들과 대화를 하면서 고민의 해결 방안을 찾고 흔들리는 마음을 다시 정돈할 수 있었다. 현재까지 오랫동안 하고 있는 영축국제학교의 마음공부도 1인 기업뿐만 아니라 한 명의 사람으로서 성장하는 시간이었다. 이처럼 멘토와 함께하는 마음공부 덕분에 나는 1인 기업, 사업가로서 한층 성장할 수 있었다.

★ 나는 매일 인스타그램으로 돈 번다

성공하려면 이 다섯 가지는
'NO'

　지금의 나는 많은 사람이 인스타그램으로 수익화를 이룰 수 있도록 그동안 공부하고 경험하며 쌓은 노하우를 산타맘스쿨을 통해 수강생들에게 알려주고 있다. 이처럼 산타맘스쿨을 운영하면서 많은 수강생들에게 느끼는 공통점은 인스타그램으로 수익을 얻는 시스템을 만들기까지 누구나 실패를 경험한다는 점이고 이 작거나 큰 실패의 경험을 넘어서는 사람들은 꾸준히 인스타그램을 운영하는 데 성공하거나 성장을 했다는 것이다. 반대로 큰 틀에서 실패하는 이유는 대게 이렇다.

　첫째, 수익화를 이루기 위한 과정에서 두려움, 성급함 등으로 쉽게 포기한다. 예를 들어 오늘 게시물을 올리면 오늘 저녁까지 몇십 명의 팔로워가 유입되기를 원하는 식이다. '내일은, 다음 주는, 한 달이면 이 정도는 돼야 한다'처럼 혼자만의 생각에 사로잡히는 것이다. 그저 계정을 빨리 키우고 싶은 마음만 앞서는 사람들은 그 반대의 결과를 견디지 못하고 포기한다. 또 팔로워가 많은 다른 계정을 보며 위축되기도 한다.

현재 나의 팔로워는 38,000명 정도이다. 하지만 이 38,000명의 팔로워는 하루, 한 달, 일 년처럼 일정한 시기마다 정해진 숫자만큼 유입된 게 아니다. 하루마다, 한 달마다, 일 년마다 팔로워가 일정하게 늘어나는 기적 같은 공식은 어디에도 없다. 마치 계단식 성장 그래프처럼 어느 날 훅, 또 어느 날 훅, 이렇게 상승했다.

사람들의 유입은 콘텐트를 올리고 사진을 바꿔보며 글을 달리 써보는 등, 팔로워를 늘리기 위한 숱한 시도들이 쌓여 조금씩 조금씩 증가하는 것이다. 겨울에 눈이 와서 눈사람을 만들 때 큰 눈덩이는 한 번에 만들어지지 않는다. 처음에는 쉽게 부서져 그 존재가 미미한 눈덩이도 여러 번 굴리다 보면 어느덧 더 단단하고 더 큰 눈덩이로 변한다. 처음 계정을 운영할 때에는 성장 속도가 미미하게 느껴질지 모른다. 심지어 성장 자체가 없는, 제자리걸음처럼 느껴질지도 모른다. 그러나 인스타그램 수익화와 팔로워 유입을 위해 했던 모든 노력은 지금 당장 눈에 보이지 않더라도 성장의 발판이 되고 있다는 것을 명심하기 바란다.

스스로의 노력에 믿음을 가지고 포기하지 않았으면 한다.

실제 한 수강생은 나에게 인스타그램을 너무 만만하게 봤고, 계정을 키우는 과정에서 스스로를 의심하게 된다고 말했다. 그때 나는 할 수 있다고, 꾸준히 해보자고 조언했는데 며칠 후 그 수강생이 업로드했던 영상의 조회 수가 갑자기 늘어났고, 그에 따라 팔로워 수도 급증했다. 수강생들의 이런 사례들은 나와 당신의 게시물도 당장 내일 인기 콘텐트로 급부상할 수도 있다는 믿음을 준다.

둘째, 주변의 말에 흔들린다. 삶에서 어떤 새로운 도전을 할 때 나를 무한히 응원해줘서 내 마음을 든든하게 해주는 사람도 있지만, "에이! 니가 무슨 연예인도 아니면서 괜히 뜬구름 잡는 소리 하지 마!"라면서 핀잔이나 주는 사람들도 주변에 적지 않다. 특히 아직 수익화 시스템을 만들기 전의 준비 과정에서 자신감만 상실시키고 실패에 대한 두려움만 주는 말들을 듣기 십상이다.

나도 인스타그램으로 돈을 벌어보려 한다고 했을 때 주변 사람들은 괜히 시간 낭비하지 말라고 했다. 그럼에도 나는 주변의 부정적인 시선에도 불구하고 목표를 이룰 수 있었다. 성공했다. 주변 사람들의 말보다 확실한 것은 그 무엇을 이룬 사람은 반드시 존재한다는 것이다. 주변 사람들이 말하는 안 되는 이유보다 될 수밖에 없는 이유를 찾아서 나열해보자. 아주 사소한 것도 좋다. 생각보다 많은 부분에서 나의 목표를 이룰 수 있는 근거들을 찾게 될 것이다.

셋째, 공부하지 않거나 공부만 한다. SNS의 세계는 매일 급변한다. 특히 인스타그램은 자고 일어나면 새 기능이 생기기도 한다. 새 기능을 처음에 잘 공략하면 노출이 굉장히 잘 될 수 있다. 지금에야 릴스의 사용자가 많지만, 릴스가 처음 업데이트됐을 때 공략을 했다면 계정은 아마 더욱 빠르게 성장했을 것이다. 스토리의 이모티콘, IGTV, 각종 버튼의 위치까지 인스타그램은 계속해서 빠르게 변화하고 있다. 트렌드를 선도하는 인스타그램으로 수익을 얻으려고 하면서 정작 그에 필요한 공부들을 하지 않는다면 도태될 수 있다. 더불어 벤치마킹 계정도 자주 들어가 보고 트렌드도 익혀야 한다.

반대로 공부만 하는 사람도 많다. 이 강의 저 강의 모든 인스타그램 강의는 다 듣고 유튜브도 찾아본다. 그런데 문제는 거기서 끝이라는 점이다. 수많은 강의와 정보를 쉽게 접할 수 있는 세상이지만 결국 관건은 그 정보들을 어떻게 내 것으로 만드느냐. 이렇게 하면 좋다는 말만 듣고 정작 나에게 적용하지 못한다면 아무 의미가 없는 공부일 뿐이다. 공부하고 적용하라. 트렌드를 익히고 자신의 것으로 만들고, 자신만의 방식으로 녹여내라. 어떻게 하면 아이디어를 넣어서 내 색깔을 입힐 수 있을지 공부하고 고민하라. 그래야 당신의 인스타그램이 성장하고 당신의 가치를 높게 만들어줄 것이다.

넷째, 혼자서 하고 남들을 배척한다. 인스타그램은 소통의 플랫폼이다. PART 7에서 언급한 마이크로, 나노 인플루언서들은 특히 인친(인스타그램 친구)들의 게시물을 보고 댓글을 쓰며 태그를 하는 등의 활발한 소통을 한다. 그들은 그러한 소통을 바탕으로 같은 카테고리 내에서 팔로워들과 서로서로 끈끈하게 연결되어 있다. 그런데 나의 게시물만 올리고 이러한 소통을 하지 않는다면 인스타그램의 구조를 파악하지 못하고 있는 것이다.

따라서 내가 어떤 카테고리에 있는지 인스타그램에 적극적으로 알려야 한다. 만일 내가 음식 계정을 운영한다면 음식 계정의 누군가와 끊임없이 소통하고 육아 계정을 운영하는 사람은 육아 계정의 사람들과 소통해야 한다.

협동 라이브방송도 하고 서로 태그도 해주면서 철저하게 협업하고 '같이'의 가치를 생각해야 한다. 만약 지금 내가 끈끈하게 소통할 누군가가 없다면 커뮤니티 속으로 들어가는 것도 방법이다. 인스타그램을 키우고 싶다면 인스타그램을 키우는 그룹에, 자기계발을 하고 싶다면 자기계발을 하는 그룹에 들어가서 그 그룹의 사람들과 교류하라. 혼자서 애쓰는 것보다 공통의 관심사로 모인 사람들끼리 서로 으쌰으쌰 하면 인스타그램이 더욱 재미있어지고 목표 달성으로 나아가는 힘이 분명히 생길 것이다.

다섯째, 불편함으로 시선을 끈다. 유명 인플루언서 사이에서도 온라인 싸움이 적잖이 벌어지곤 한다. 그렇기에 서로의 이익 관계가 얽혀 상대방을 저격하는 글을 올리고 댓글 공격을 하고 스토리로 민망한 싸움을 하기도 하는 것을 종종 목격한다. 그러면 당사자들의 팔로워들이 우르르 몰려와 이편저편으로 나뉘어 싸움을 거들어주는 양상이 펼쳐지기도 한다.

일차적으로 보면 무언가 끈끈해 보이고 자신이 맞다는 것을 증명하는 과정이 될 수 있는 것 같다. 하지만 이런 싸움이나 비방에는 그 누구도 승자가 없다. 당장 지금은 누군가의 공감 댓글을 받을 수 있을는지 모르겠지만 결국 온라인상에서 누군가를 험담하고 비방하는 사람을 좋은 시선으로 바라보기는 쉽지 않다.

그러므로 개인정보가 공개된 온라인상에서 불편한 상황이 생긴다 하더라도 큰 그림을 보고 작은 이익에 매달려 상대방과 경쟁하거나 상대방을 공격하지 말자. 차라리 현명한 대처법을 찾거나 넘어가는 것이 계정의 품격을 유지하는 지혜로운 일이다.

Santamom_insta
181._queen_.181 · 원본 오디오

···

에필로그

좋아요 35,000개
Santamom_insta   #월 매출 1억! 산타맘의 인스타그램 비밀과외
댓글 2,300개 모두 보기
6일 전

⑤ 흔한 경력단절 여성

LIVE

20대의 나는 안정적인 직장을 얻고 늦지 않는 나이에 결혼을 하는 것이 인생에서 가장 중요한 일이라고 생각했다. 으레 사람이라면 그렇게 해야만 하는 줄 알았다. 그래서 안정적인 직장을 얻기 위해 계약직으로 일하던 회사에서 정규직으로 일할 수 있는 회사로 이직했고 회사 생활에 최선을 다했다. 회사에 새벽까지 해야 할 업무가 있으면 마다하지 않고 기꺼이 했다.

하지만 두 번의 출산휴가와 육아휴직을 거치면서 내가 안정적이라고 생각해왔던 직장이 언제까지나 안정된 일터일 수는 없음을 알았다. 육아로 회사를 쉬는 동안 회사 동료들에게 줘야 하는 업무분담과 휴직을 승인받을 때 드는 미안한 마음, 그리고 휴직으로 육아를 하는 동안 복귀할 수 있을까, 같은 불확실한 미래 때문에 항상 불안과 걱정이 가득했다.

그럼에도 두 아이를 키우면서 불안한 마음을 다잡고 힘겹게 회사에 복귀했지만 경기가 침체되고 그 외 부수적인 이유들로 회사에서의 내 자리는 없어진 지 오래였다. 심지어 둘째 아이를 출산하기도 전에 남편은 회사를 그만둔 상황이었다. 그렇게 우리 부부는 모두 백수가 되었고 나는 흔히 말하는 육아와 출산으로 인한 경력단절 여성이 되었다.

뭐라고? 인별그램?

어느 날 친구가 인스타그램으로 서로의 소식을 알고 육아템들을 공유한다. 이게 바로 텔레비전에서 이야기하는 인스타그램이라고? 그렇게 나는 친구를 따라 휴대폰에 인스타그램이라는 앱을 다운받았다. 문자, 전화로만 활용하던 핸드폰에 인스타그램이라는 앱을 설치했다.

인스타그램은 신세계였다. 그동안 내게 휴대폰이란 메시지와 전화만 주고받는 그 이상도 이하도 아닌 도구에 지나지 않았다. 하지만 휴대폰에 설치한 인스타그램은 텔레비전보다 더 재미있고 신기했다. 지금껏 겪어보지 못한 세상이었다. 마치 다른 세상 같았다. 그곳에서는 똑똑한 엄마들이 육아 정보를 나누고 생활을 공유하며 실제 만나지 않아도 친구처럼 지내기도 했다. 심지어 물건을 판매하기도 하고 구매하기도 한다. 정말이지 가상 세계 속 꿈나라 같았다.

수유하면서 들여다보면 새벽에 꾸벅거리지 않아도 기상할 수 있을 정도였다. 이곳에서 물건을 판다고? 어차피 직접 만나는 것도 아닌데 낯가림이 있는 나도 할 수 있다는 생각이 들었다.

그럼 어떻게? 그냥 들이대보는 거지 뭐. 자본이 들어가는 것도 아니고 시간과 노력만으로 부딪혀 보면 되는 거야. 나는 시간은 참 많잖아. 그렇게 나는 인스타그램을 시작하게 되었다.

성장

2018년 하반기 어느날 설치하게 된 인스타그램에서 나는 공동 구매를 시작하게 되었고, 내가 선택한 제품에 스스로 당당해지고 인정받기 위해 제품에 대한 공부를 하고 또 했다. 라이브 방송을 켜 두면 그동안 공부했던 내용들이 술술 나올 수 있도록 체크하고 제조사에 물어보고 그것을 고객들에게 설명해왔던 지난 1년 9개월.

　돌이켜 보니 2년도 안 된 시점에 연 매출 6억을 달성했다. 쉽지 않은 일이었을 텐데 어떻게 한 것인지 누군가가 나에게 방법을 묻기 시작했고 나는 그것을 알려주기 시작했다. 그렇게 첫 책이 출간되고 유튜브 출현, 각종 개인과 기업의 강의, 온라인 강의에 대한 제의가 쏟아졌다.

　그렇게 또 1년 반을 나와 같은 성장 케이스를 만들어 내기 위해 마음을 쏟았고, 생각 이상으로 성장사례를 많이 만들 수 있었다.

　이제는 산타맘이라는 나의 닉네임이 곧 하나의 브랜드가 되었고, 패키지부터 내용물 하나까지 내 이름으로 직접 제조한 제품이 세상에 출시된다. 그것을 첫 출시한 것도 여전히 인스타그램이었고 그동안 나에 대한 신뢰로 함께 해준 산타맘패밀리라는 나의 인스타 친구들 덕분에 3일 만에 6,200박스의 판매와 매출 1억을 넘는 대기록을 달성했다.

　이제는 나의 노하우가 기업 강의와 기업 광고 대행까지 맡아서 척척 처리하는 하나의 사업이 되어가고 있다. 이 모든 것이 오로지 인스타그램 하나로 가능했다니!

오래 지속되는 사회적 상황에 온라인 시장은 점차로 확대되고 있고 이 영향은 사회적 상황이 안정화되고 나서도 변하지 않고 성장하리라는 것을 나는 확신한다.

이미 기업들은 인플루언서와 콜라보하기를 원하고 인플루언서를 양성하고자 한다. 기업보다 개인이 강력해지는 시대가 온 것이다.

늦지 않았다. 나는 이미 그것을 1년 동안 증명해왔다. 독자들이 이 책을 통해 기술적인 인사이트 뿐 아니라 온라인 세상에서의 기회를 만나길 바란다.

Santamom_insta
181._queen_.181· 원본 오디오

· · ·

좋아요 35,000개
Santamom_insta #월 매출 1억! 산타맘의 인스타그램 비밀과외
댓글 2,300개 모두 보기
6일 전

나는 매일 인스타그램으로 돈 번다

초판 1쇄 인쇄 2022년 4월 8일
초판 6쇄 인쇄 2023년 3월 5일

지은이 황지원
펴낸이 권기대

펴낸곳 ㈜베가북스 **출판등록** 2021년 6월 18일 제2021-000108호
주소 (07261) 서울특별시 영등포구 양산로17길 12, 후민타워 6~7층 주식회사 베가북스
주문·문의 전화 (02)322-7241 팩스 (02)322-7242

ISBN 979-11-976735-3-5 (13320)

이 책의 저작권은 지은이와 (주)베가북스가 소유합니다. 신저작권법에 의하여 한국 내에서
보호받는 저작물이므로 무단 전재와 복제를 금합니다. 이 책 내용의 전부 또는 일부를 이용
하려면 반드시 저작권자의 서면 동의를 받아야 합니다.

＊ 책값은 뒤표지에 있습니다.
＊ 잘못된 책은 구입하신 서점에서 바꾸어 드립니다.
＊ 좋은 책을 만드는 것은 바로 독자 여러분입니다.
　(주)베가북스는 독자 의견에 항상 귀를 기울입니다. (주)베가북스의 문은 항상 열려 있습니다.
　원고 투고 또는 문의사항은 vega7241@naver.com으로 보내주시기 바랍니다.
＊ (주)베가북스에 관하여 더 많은 정보가 필요하신 분은 홈페이지를 방문해주시기 바랍니다.

vegabooks@naver.com www.vegabooks.co.kr
 http://blog.naver.com/vegabooks vegabooks VegaBooksCo